GIROS

DE LA

MEMORIA

MANUEL MÉRIDA

2015

manuel mérida llanes

giros de la memoria / giros de la memoria / giros de la memoria / giros de la memoria / giros de la memoria / giros de la memoria / giros de la memoria / giros de la memoria /

Poesía

Selectas

1985-2015

Número de Control de la Biblioteca del Congreso de EE.UU.:   2015915923
ISBN: Tapa Dura   978-1-5065-0877-1
                    Tapa Blanda   978-1-5065-0879-5
                    Libro Electrónico   978-1-5065-0878-8

Para realizar pedidos de este libro, contacte con:
Palibrio
1663 Liberty Drive, Suite 200
Bloomington, IN 47403
Gratis desde EE. UU. al 877.407.5847
Gratis desde México al 01.800.288.2243
Gratis desde España al 900.866.949
Desde otro país al +1.812.671.9757
Fax: 01.812.355.1576
ventas@palibrio.com
720912

ÍNDICE

NOTA DEL AUTOR

Del Poemario "Giros De La Memoria"

I. Origen

La publicación de estos poemas, más que personal premisa, fue el reto que supe tenía que enfrentar, desde que sentí la necesidad de entregar a otros un libro para el amor y el desamor. Es también, de cierta manera, la consecuencia de mis propias urgencias de joven, la búsqueda del mensaje del momento oportuno, del pensamiento preciso. Esto lo convierte, quizás, en un poemario con ínfulas de consultor, donde los lectores puedan identificar la PALABRA que concurra con sus emociones, para luego con ella: asistir al cortejo de quien se desea y ama, recordarle al ser amado que todavía se le quiere, o con la que rescindan una relación fallida. Es un proyecto largamente acariciado con el que trato de contribuir a la recuperación, de las manos posesivas de la canción, del protagonismo que, en estos asuntos humanos, siempre tuvo la poesía.

Percibo que, hacia finales de la década de mil novecientos ochenta, se difunde una tendencia poética en Cuba en la que el verso adquiere un estilo intenso, casi clasista, de letrados para ilustrados, de psicología enajenada y de oníricas imágenes, que abusa de la palabra rebuscada y la metáfora implasmable. La poesía se convierte entonces, en un aburrido acertijo para el entendimiento del hombre común. Esta, aunada a la crisis social y económica que paralizó la impresión y venta de libros en el país (y a muchas otras razones de índole estratégico y educacional, que apuntan a la ineficiencia del sistema e inducen a la pérdida de valores), es causa de que la poesía haya dejado de ser una práctica de consumo popular en Cuba, para convertirse, aunque siempre lo fue en su modo más refinado, en un arte de la intelectualidad para la élite social.

Sin embargo, los enamorados se descubren sedientos de la palabra precisa que dé forma y registro a sus pensamientos y requieren de la identificación, la extroversión y la comunicación final de sus sentimientos. A ellos va dirigida esta propuesta.

II. Estructura Y Contenido

El protagonista de esta obra es el AMOR en la relación de pareja, el cual se desnuda en todas sus facetas. El libro es un viaje que parte de una SOLEDAD apocalíptica y, a ratos, autodestructiva, que sigue luego el curso del ENCUENTRO con el amor deseado y perseguido en sueños, la LUCHA primero y la CONQUISTA después de ese anhelo, el DISFRUTE del mismo, la CONSERVACIÓN, la CRISIS, hasta llegar de nuevo a otra SOLEDAD, la soledad necesaria como resultado del fracaso del amor y reparadora de la identidad y la autoestima personales. El libro no es más que la tesis del CICLO DEL AMOR que, según mi opinión, siempre VIVE entre soledades, viajando de una soledad a otra soledad.

Para demostrarlo, se recrea una historia *multipersonal* que enmarca este viaje cíclico en alguna etapa de nuestras vidas. Es un relato de eventos cronológicos, que no representa necesariamente la búsqueda de la autodestrucción; es, en cambio, la elevación de este *multiser* a otro nivel de *su* realización personal, un modo de reconocer la realidad y el medio social en la interacción entre los seres humanos. De esta forma, y a través de un total de ciento cuarenta y seis poemas, el libro nos cuenta una historia *compartida*, dividida en tres partes.

"El Náufrago", donde se describe la soledad y el desánimo de la existencia, hasta que se ENCUENTRA al ser que DESPIERTA la llama del amor. Se dirigen entonces los sentidos y los esfuerzos al acercamiento a ese ser, en un *autoreconocimiento*, en un DEFINIR y despertar de las emociones. Al final de esta primera parte, este *multiser*, golpeado por algún fracaso anterior y temeroso de otra experiencia similar, se define tras esa batalla interna y toma finalmente una DECISIÓN: conquistar a esa mujer manifestándole sus afectos.

En **"A Toda Vela"**, se establece el puente de comunicación de los sentimientos, a través de poemas que llevan el claro signo de la SEDUCCIÓN, hasta que se producen: la ENTREGA del cuerpo, la CONVIVENCIA, la nueva FAMILIA, y el reto de CONSERVAR el amor.

La tercera parte, **"De Nuevo Aquella Isla"**, cierra el CICLO de esta propuesta. Los compromisos sociales, presentes al inicio de esta sección, DISTANCIAN a los protagonistas, quienes se hacen vulnerables a la ineludible SOLEDAD y al ENTORNO. Y mientras aprenden a luchar por su amor en las nuevas circunstancias, la LEJANÍA, con sus impredecibles efectos y trampas, provoca la pérdida de los valores que los unían y la SEPARACIÓN definitiva de la pareja. De esta manera se llega a OTRA SOLEDAD, nueva y necesaria donde la resignación es soportada por una experiencia que valió la pena vivir y donde se queda en un estado abierto a nuevas experiencias, que respaldan la tesis de que la soledad no es el fin, sino el comienzo de otro ciclo del amor.

Los poemas van evolucionando en la medida que la relación avanza hacia la *otra soledad*. Ellos son el medio para contar la historia, donde cada poema es, en sí mismo, su propia saga, un ente independiente, al mismo tiempo eslabón de la historia general que se cuenta.

Sin embargo, el singular tema del amor en una obra extensa puede resultar rebosante y aburrido, si se descuida su proyección y tratamiento. Es por ello que, auxiliándome de algunos recursos a mi alcance, trato de sortear el negativo efecto que pueda tener sobre el lector esta MONOTONÍA temática:

primero: la HISTORIA EN SÍ MISMA. Se trata de un relato, no de un simple acopio de piezas líricas; que parte de un estado de cosas caótico, a veces inconsciente en la existencia de este ser, a un final consciente y más maduro, no sin antes pasar por varios estados de ánimo y situaciones disímiles en la relación que le ocupa.

segundo: la VARIEDAD FORMAL Y ESTRUCTURAL de los poemas. En el libro se presentan poemas en varios estilos estructurales: sonetos, décimas, liras, sextetos, sextillas, tercetos, etc.; diferentes versificaciones que van desde tetrasílabos hasta versos pentadecasílabos. Sin embargo, en la obra predomina el verso libre, de diferente extensión y estilo, transmitiendo, en cada caso, el discursar anímico de sus personajes. La diversidad formal del verso pudiera ser el mejor antídoto para la monotonía.

tercero: la RECREACIÓN TEMÁTICA: el aspecto filosófico de la vida, el sentido de lo que somos y seremos, el erotismo, la vida y la muerte, la existencia de DIOS y el ser humano integral en su medio existencial, exploran más allá de los límites del mero amor. La crítica a la dictadura de pensamiento y al sistema totalitario de economía socialista que impera por más de medio siglo en Cuba y que ha causado la destrucción del país y generalizado la miseria y la necesidad en mi pueblo, está presente con pinceladas de desprecio y enfrentamiento, sin hacer de esto un propósito temático del libro. Esta variedad de temas de los poemas, está dirigida a despertar en todos el cuestionamiento del lugar que creemos ocupar en el mundo en que vivimos.

cuarto: la inclusión de ILUSTRACIONES que recrean, en imágenes, lo que el alma nos cuenta con palabras. Las ilustraciones se deben al artista plástico Renier Hernández Balmaseda y a mi propia autoría, basados en algunos de mis trabajos al óleo y fotografías. A Renier agradezco su amistad y su incondicional apoyo a este proyecto.

Todo esto en su conjunto podría suavizar la intensidad presente o percibida en los versos, a consecuencia de la extensión de la obra, y hacer de la misma una pieza atractiva para su consumo.

III. Estrofa, Métrica y Versificación

i. Sonetos.

El libro incluye un total de catorce sonetos, los cuales muestran una clara DIVERSIDAD FORMAL. La idea es explotar al máximo la flexibilidad que ofrece una de las estrofas más importantes de la expresión poética tradicional, para añadir variedad y frescura al acopio de piezas líricas. Los sonetos que encontrará el lector aquí, se pueden clasificar de acuerdo a la combinación de rimas de sus cuartetos y tercetos y a la longitud silábica de sus versos.

He utilizado esquemas de sonetos *Clásicos* abrazados y terciados, y en algún caso, con adición de tercetos o acróstico. El lector también encontrará formatos de soneto *Inglés o Isabelino*, sonetos de *Cuarteto Independiente*, sonetos *Polimétricos de pie quebrado* y un soneto *Blanco*. Los sonetos han sido elaborados con versos endecasílabos y tetradecasílabos (alejandrinos).

El discurso empleado, la ruptura de esquemas rítmicos repetitivos y el enfoque particular de la prosa poética de mi generación, contribuyeron a matizar el ritmo y la musicalidad que estos esquemas centenarios usualmente transmiten al lector de hoy. El resultado, en mi parcializada opinión, es un soneto con sabor CONTEMPORÁNEO, en función del acercamiento emocional con el público.

El uso frecuente de los versos alejandrinos (tetradecasílabos), se debe a mi gusto personal por ellos, al hecho de que me permiten jugar con la musicalidad del discurso (acaso prosaico), propio de mi formación técnica y mi medio profesional y a que me invitan a coquetear, lo cual disfruto, con el trabajo de los hemistiquios. Finalmente, me confieren el medio para DECIR MÁS en el corto espacio del esquema del soneto.

ii. Décimas (Espinelas).

Nada distintivo que argumentar ante una estructura poética octosílaba que deja poco espacio para la improvisación formal. Se pueden encontrar cinco poemas con este formato, lo cual no significa que en lo personal haya incursionado menos en este género, de suma popularidad en Cuba. La reducida inserción de poemas con este formato en el libro se debe a que, de la misma forma que su empleo es muy popular, su imagen es muy campesina y TRADICIONAL, lo que vulneraría el concepto de la obra. Lo mismo aplica para el resto de las estrofas utilizadas en mis versos: ando en busca variedad, no de un producto "retro".

Necesaria mención en esta nota para "*Coda de locuras*", décima de estrofa truncada, debido a una propuesta estética que intenta dejar en suspenso una obra con membretes de modesto futuro. Este poema, que es el último del libro, termina en el octavo verso de la segunda estrofa con una palabra disonante (o *fénix*, que no rima consonante con ninguna otra en nuestra lengua), precisamente, para remarcar la imposibilidad de terminar la décima.

iii. Otras estrofas tradicionales.

En el libro se hallarán dos sextetos y otros dos textos con formato de sextillas de pie quebrado. Lo más tradicional para el sexteto son los versos endecasílabos, sin embargo, en mi propuesta hay dos poemas que exploran otras sonoridades para este formato. El primero es *"De todos los hombres"*, escrito en versos tridecasílabos, el cual es una de las versificaciones MENOS comunes de nuestra lengua y el segundo poema es *"Quiero varar mi nave"*, escrito en versos decasílabos, también de uso POCO común en nuestra literatura, aunque mucho más frecuente que el tridecasílabo.

Las sextillas de pie quebrado (Manriqueña), son propuestas cortas para no insistir mucho en el ritmo y canción propias de esta estrofa. Los poemas son *"Cómo decirte"* y *"Osadía"*. Ambos con versos octosílabos y quebrados a tetrasílabos.

El lector también hallará un poema, por cada uno de los siguientes formatos estróficos: terceto endecasílabo, octavilla (versos de arte menor tetrasílabos), lira (versos heptasílabos y endecasílabos y variación con cuarteta de arte menor incluida a modo de *cantar*), silva, seguidilla (arromanzada) y cuarteta blanca de pie quebrado (versos octosílabos a tetrasílabos).

iv. Introducción a "MOMENTOS"

Junto a los poemas en verso libre, se van a encontrar múltiples intentos de EXPERIMENTAR con la musicalidad y el ritmo poéticos, a través del uso de variadas medidas métricas en los versos. Una propuesta de estrofa que presento son los bautizados como **MOMENTOS**. Esta es una composición que exige plasmar, en pocas palabras, esos DESTELLOS "filosóficos" y sentencias para eventos y situaciones cotidianas que, por efímeras, pocas veces documentamos. Es un formato que invita a la eficiencia, en términos de longitud y contracción de las ideas; una estrofa formada por cinco versos decasílabos, cuyo segundo verso es flotante, flexible a cualquier métrica de arte menor, pero que sirve de pie quebrado y sostén al primer verso, el cual representa la apertura del enunciado.

En este libro se ofrecen al lector un total de QUINCE composiciones poéticas con este estilo. La casi totalidad de los **MOMENTOS** son dedicados al amor y al sexo, y en ellos se mantiene la uniformidad de diseño y la consistencia de método.

v.   Acerca de "PALABRAS"

Otra propuesta que el lector hallará en esta selección de poemas son las llamadas **PALABRAS**. Generalmente son POEMAS EXTENSOS, con un fuerte DISCURSO INTIMISTA y lírico que tratan de transmitir un estado de pensamiento continuo, sin pausa evidente (no hay puntos), y propósito existencial, de la misma forma que se comporta nuestro cerebro en los momentos de MEDITACIÓN Y REFLEXIÓN intensas.

En esos estados, el lenguaje interno se manifiesta en forma de una PROSA LIBERADA, con ECO de *palabras*, muchas veces atropelladas o indefinidas, que guían a una catarsis de espíritu para poner en perspectiva los sentimientos y propósitos que se persiguen. Por lo general dan pie a una "CODA" (el *Momento*), que sentencia, en breve mensaje, la purga de tanta deliberación.

vi. Otras versificaciones.

Más allá de las libertades de discurso y prosa de **PALABRAS**, se presentan versos y estrofas con atrevidas combinaciones métricas que se acomodan al estilo general del libro. Se hallarán ejemplos de versos pareados y un ejemplo de terceto y cuarteto; también añado cuatro quintetos y una décima, todos, constituidos por versos heterométricos y blancos.

IV. Palabras Finales

He dedicado largas horas de mi espacio personal y familiar a la recopilación y edición de los poemas, al diseño de imágenes y portada del libro y a la materialización del concepto de la obra, la cual sigue siendo de ficción, aun cuando, como entidad, los poemas reflejen una buena parte de mi vida. Agradezco por ello a todos los involucrados, por la paciencia, tolerancia e inspiración de muchos de estos versos.

Quisiera que este libro contribuyera moderadamente, a la tarea de ir llenando aquel espacio cedido por la poesía a otras expresiones artísticas; que a donde llegue, fuese GANCHO, eslabón entre literatura y gente, y encadene con lazos de palabras al hombre moderno con su ENTE poético. Quisiera, finalmente, contribuir con modestia al rescate del respeto popular por algo tan sublime como el verso y a la recuperación del valor de uso que le fuera dado a esta expresión artística en círculos y tertulias o íntimas sesiones de amor.

Se trata sólo del trabajo de un aficionado a la poesía que entrega a ella el tiempo discreto que su profesión le consiente y con el que completo con satisfacción, y consciente pragmatismo, la trilogía ancestral y martiana de: el árbol, el hijo y el libro. Es, al mismo tiempo, el reflejo de la vanidad personal y los deseos de legar mis experiencias a los más allegados, aunados a una pasada frustración, al afán de regalarles a los jóvenes de espíritu PALABRAS y MOMENTOS para cantarle al amor y al desamor, lo que me hace publicar este trabajo.

Sólo les deseo que el "CICLO DEL AMOR", se renueve en todos lo menos posible y les recuerdo que a veces no se necesita estar, precisamente, solo, para estarlo.

Sepan reconocerlo.

Manuel L. Mérida
Julio, 2015

A mis amigos íntimos,

a mis hijos y sobrinos dedico estos versos,

para que no caminen el mismo camino.

1   El náufrago

...Ahora que el sol se ha puesto
y el cielo oscuro se cae sobre el mar...

Rabindranath Tagore

Aquellos Espacios Ya No Existen

Aquellos espacios ya no existen
y el pasado escurrió mi memoria
por donde la materia a mi paso no fue más
que la estancia fugaz de un puñado de huesos.
¿Quién dijo que la piedra es inmortal?
¿Quién, que la Tierra vive si nos vamos
que partimos como polvo
para renacer en la sangre?

Aquellos espacios ya no existen
y al caer el mortal telón de la *farsavida*
agoniza la Tierra, expira la piedra
y la memoria
muere.

Carta De Frustración Para Niurka

La Habana, Período Especial

Mi *Amigamor*:

Ya estoy perdido
y quiero avisarte para que sepas
que buscando la alegría agoté
todas las formas de la tristeza.

Ya culpé a los dictadores
y hago bien
pues su culpa es
estos restos de país
donde mi espíritu no cesa
ahora de buscar
el último lamento.

Por eso
ya soy lombriz inválida
reptil sin fuerzas a lo oscuro
polvo frío suspendido
         como niebla
sobre la *sarna roja*
de esos perros.

Y cuando me veas vagar
-insecto mi cabeza-
entre hocicos iguales
         a la Luna
no es la luz la que busco

sino el rincón negro donde
reposar y llorar con pena
la vergüenza cubana
de mi alma.

Dónde

Dónde, mujer, están las puertas del olvido
el espacio limítrofe donde muere la nota
y grito del pasado. El lindero perdido
que frontera el asalto del ayer como cota

del presente. Por dónde la piel de eterno pacto
el nuevo testamento que morderá la aurora
de mis rehechos labios. Dónde el épico acto
salvador de holocaustos en la penada hora.

Y dónde está la senda, la huella que confía
la salida a la luz de un nuevo abrazo sobre
la añeja soledad, esta cueva abadía

de la muerte que suma miseria al techo pobre.
Dime dónde mujer, que muero antes de hallarme.
Dime a dónde mi *dios*, y volveré a largarme.

Noche De Ronda

A pesar de todos los años
del *viento norte* y la sed.

A pesar de esta miseria
de los *cerdos* de Castro
y de esta noche tumba

esta caminata a solas
y ron
tiene sabor a leña
a cuevas, a rosas
y al calor que se ampara
en el frío de fin de año.
Eso es felicidad.

Sólo tú de lejos
—donde te perdí este diciembre—
como espina que punza mi paz

sin embargo, no lloro:
encontré mi plusvalía.

Aquí Estás Otra Vez

Has vuelto a mi poema
envuelta en la sal y el río
arrasador de lágrimas de estos días
y devuelves la esperanza
a un corazón martirizado
por la ira de la mano de *dios*.

Has vuelto a mi poema
con nuevos colores en tus ojos
y un brillo inexplicable en tu cabello
y devuelves el futuro
a un destino que fue pasado
cuando la vida parecía no tener fin.

Has vuelto a mi poema
y no sé en qué verso colocarte:
si en el océano de vida y olas
que devuelve con amor las palabras
o en el océano de amor y palabras
que me devuelve la vida en cada ola.

Sorbos De Esperanza

Ponme otro sorbo de dulce esperanza
un sortilegio de cielo que exprima
en mi garganta la nube que anima
el verde aguacero de la confianza

un tercer brindis para la venganza
del pasado soez: ¡por mi autoestima!
el cuarto trago de fe que sublima
la riqueza del alma y la bonanza.

Tal vez un quinto brebaje de aliento
que me emborrache de toda ventura
la sexta copa que pide el momento

para alzarla a la claridad futura
un último convite de escarmiento
con un verso que pare esta locura.

Palabras I/ *Terapia De Grupo*

plasmas
rostros tuyos en placas
y capas de imágenes se confunden
en la ronda de manos y cuerpos
que se esfuman en mi niebla
neblina de vista
mirada que atraviesa los cristales gélidos
y tú conmigo vas
límite donde beso la tierra
para que tus dedos nerviosos y mutilados
nacientes entre la yerba oscura
vestida de nieve, de sucios valores
me toquen mis labios temblorosos
y sedientos de besarte;
allí te veo
sobre el árbol desnudo que baila
cuando canta el viento
y desnuda me agitas, tú sabes dónde
yo soy humo y sueños
río de flores y carne dementes
que hasta mis manos llegan
eso eres tú
hasta mis manos retornas
en mis dedos fríos que arañan
-estrujando las flores que me das-
el cristal en que me rodean plasmas
rostros tuyos en placas que me apresan
solo, delirado

doy la espalda a mi ventana
y me libro de alucinaciones
vacilo en el bien que me rodea:
llena de amigos y novias -de otros-
de vino, alegrías y sones
está la habitación
terapia de choque para tu ausencia
que se agradece, pero inútil
porque este cómplice remedio
no pasa de ser otra leyenda popular
que evidencia que la cura de la soledad
no es precisamente la compañía...

que hasta en noches de fiesta
repleta la habitación de vida y materia
tú cabes en ella en los vacíos que me ocupan
esos espacios etéreos e inllevables
que dejaste en mí.

A Todos Digo Que Te Olvido

A todos digo que te olvido
y que te exilas al *Norte*;
que te entierro cada día
y palmo a palmo
en la misma tierra que habitaste
en calles y avenidas
en cada esquina del corazón
a los que nunca me lo preguntan
y a los que no cesan de averiguarte.
Y lo repito en mi soledad
para dejarte fuera de mi habitación.

Y en este subsistir diario
de buses y aventones
recorren -por tu causa- mis ojos
los parques y portales
las columnas y bancadas
y escanea mi vista por tu rastro
las colas y las sombras
los árboles y aceras
para asegurarme que no estés
y no verte.

Este constante evadir verte
es una buena señal de olvido.
Y te sepulto en autopistas, puentes
tristes solares yermos
en mañanas y atardeceres de ciudades
poco apacibles y pueblos en ruinas

donde paso cada día de regreso al presente
seguro de no pensarte
tratando de no verte
en la parada más cercana
-donde siempre parece que estarás
para mí, en peligro
esperando tampoco verme-
repitiéndome sin parar inútilmente:
¡CONDENADA!...
lárgate de una vez del país
para poder mirar los parques
carreteras, entronques
las eternas ciudades en ruinas
otra vez.

Sabía Que Ibas A Faltarme

Sabía que ibas a faltarme:
a fin de cuentas fui yo quien desligó
las tantas ataduras.
Te irás lejos y lo sé
y que un gran muro de heridas -en demasía-
se levantará entre tu vida y mis despojos.
Que iba a llorarte...
lo sabía
definitivamente querida, mi alma de llorón
por todo lo hermoso y la muerte
no saldría a mofarse en juego con tus actos.
¡Ay de mis presentimientos!
¡Tan pobres de realidades
tan ciertos de profecías
tan llenos de autoengaños!
Y probé reírme de los inciertos
intentando evadir cada asalto
cada desalojo de inocencia
donde sabía que me dolerías
porque entonces no vendrías a aliviarme.
¡Tan enterado el genio!
Y nunca imaginé que en este afán
de darte muerte
yo también me secaría
de sueños y de venas.

La Soledad

La soledad eres Tú
y Yo soy la soledad
somos mensaje y maldad
de reinos de Belcebú.
Soledad versus tabú
pecado y frío en mi cama
en la ventana y la rama
que echan de menos al nido
y en un imposible olvido
para quien no te reclama.

La soledad es un perro
en callejas de abandono
y es retiro al triste trono
de la sombra del destierro.
Es la lágrima de hierro
urente marcando entera
-como a la res prisionera-
las ojeras del desvelo
y es la mazmorra de hielo
que al penado siempre espera.

La soledad fue mi padre
muriendo en un cuarto oscuro
sucio, borracho e impuro
o como el niño sin madre.
Como huérfano baladre
al borde de un río seco
cuando caía en el hueco

podrido de la avenida.
Mi padre, que murió en vida,
sangró un adiós de sordo eco.

Y la soledad soy Yo
y Tú eres la soledad
somos amor y verdad
que *ángel infiel* destruyó.
Hoyo en que mi alma cayó
cerco de invisible brisa
que huele a piedra y cornisa
lo que llaman soledad:
Señora de la frialdad
con que llora la sonrisa.

Hombres Azules

Hombres negros y blancos
rojos y amarillos
y hasta verdes de Marte:

amalgama miserable que puebla la Tierra
zarcillos que imploran trozos de continentes
llorando en sus manos algún pedazo azul
de cielo y de mar.

¡Con tanta ausencia de ozono en la piel!
¡Con tanta falta de cristales en el alma!
¡Con tanta crisis de transparencia y luz
en nuestros ojos!

Y entre ellos vago y deliro...
YO:
un hombre ahogado y azul
por la tanta ausencia de ti.

Este Es El Poema A Lo Perdido

Este es el poema del amor
a lo perdido
a lo que nunca regresa
en la vorágine incontenible
de la huida y el desorden
cuando se rompe con angustia premeditada
o apresurada, lo levantado en años
en las horas y segundos
en que el amor o el odio eran sólo
los dueños de los actos
los grandes dictadores de la conciencia
irreemplazables en los delirios
y al descontrol de los sentidos.
Es el poema de lo ajeno
lo que no depende de nosotros
ni del afán benéfico de las manos;
de lo que se extraña
hasta lo indescriptible
y que se traga -con esa añoranza
en que se agotan cada día-
los sentimientos
que tratan de negar
lo que tu propio corazón
no es capaz de seguir negando.

Clínico Quirúrgico De 10 De Octubre

Van su nevada cabeza muerta
y sus piernas cruzadas
envueltas entre sábanas recosidas;
el cuerpo atado con sucias tiras
como un viejo tronco seco

le tiran de la camilla
por las estrechas calles del rancio hospital

detrás quedan las sombras y el vaho
de antiguos árboles deshojados
delante el aroma y nidada
de los nuevos, verdes y frondosos.

No sé...
tal vez estoy sensible por estos días
-sutil presagio de los que vienen-
tal vez me revuelco una vez más
en el sentido de la vida

pero me pregunto por qué van esos
-jóvenes de blanco sucio y zurcido-
dos caballos que tiran de la muerte
tan neciamente alegres
hablando de algún circo de payasos
o como payasos de cualquier circo
mientras cantan un estúpido son cubano.

Parece que el muerto baila
al compás del descuido
al ritmo de su oreja muerta
del trepidante temblor de las ruedas
sobre lo que fue una vez asfalto
y hoy es un emparchado camino negro.

¿Seguirá el alma su carruaje?
¿Susurrará a sí misma su espectáculo?
¿Llorará con los pájaros que cagan
su lágrima de viento
o escupirá el rostro del necio cantor
con venganza de tiempo,
con insultos de arrugado futuro?

¡Qué solo va el viejo muerto!

¡Y qué juntos andan
sobre la Tierra
la muerte desamparada
y la vida que canta!

Hay Una Voz

A Maritza Rodríguez

Hay una voz que nos llega en el viento
suavemente y tocada viene de alma
corazón, poesía, sentimiento.
Hay cierta melodía que te empalma

al cielo de la palabra con manos
de duende lañador -con un adiós
casi amparo-, que arropa con lejanos
murmullos el suave eco de algún *dios*.

Es una voz que hipnotiza en su canto
tiernamente, gradualmente te suelta
en el viento y vas hoja sin quebranto

prendido de su magia en cada vuelta.
Hay una voz de musa enamorada
que hace del verso su eterna morada.

Tengo Que Parar De Cantar

Tengo que parar de cantar a los muertos
dejar de llorar a los amigos ausentes
a lo que no ayuda en nada al olvido
y tu reposo

más bien, ello suma lluvia a mi techo
y más nube al cielorraso.

Quizás la culpa la tienen los enamorados
ajenos del daño a los sufridos
o tal vez el secreto
está en estas persianas cerradas
en esta penumbra de puerta tapiada
en la lacerante mortificación
de la lástima y la autocomplacencia.

Yo no estoy solo:
hay muchas sombras en esta casa.
Probaré aclarar mañana lo que depende de mí
—y como en aquella canción—
abriré mis puertas y ventanas
y de una patada echaré al piso
el colchón que acuña los cuatro puntos
de tus manos y rodillas.

Olvido

Dame tu memoria para olvidarte
un deseo premeditado
-fuerte y áspero-
en manos del agravio

dame tu verdad para mentirme
un dardo de odio en exceso
falacia de tus promesas
el filo de la mentira;

un testaferro de tiempo:
que ahuyente incertidumbres
que ahogue aires de esperanza
que entregue sentimientos
para la burla ajena.

¡Dime lo que hiciste
...coño!

Para sepultar angustias
para tragarme mis penas
para enmascarar melancolías

y no sé
si te daré el olvido.

Simposio De Infieles Y Traidores

(Extractos)

...no obstante,
a Ustedes, *infieles* y detractores míos;

fieles, que aún creen en el amor
-intransferible en la riqueza
y aun inmune en la pobreza-;

a Ustedes, ingenuos resplandores del Edén
y la esperanza:

a) les advierto sobre ciertas trampas
y refugios del insomnio
les prevengo de la furia de los encuentros
y del aroma de la fortuita confianza;

b) les aconsejo no dejarse deslumbrar
por el brillo de las manzanas
o morder por los pícaros gusanos de la lujuria
sordos murciélagos del vicio y el veneno;

c) les exhorto a no confiar en el encanto
y perfección de las caderas
ni en los ojos turbios del deseo
aborrecer las obscenas lenguas de la víbora;

...

regresen a casa, salven del caos y la extinción
la idea del hogar, la familia y el orden

z) o lamentarán el exceso de crédito
   la frivolidad de un modernismo
   licencioso y asexual que se escuda
   en la justa igualdad de derechos
   y de género, para hacerlos un día desaparecer.

Demuestren, a Ustedes pido, lo contrario.

Fundamenten que sólo soy
un simple caos de fracasos
-un idiota de cuernos y teorías conspirativas-

un *infiel traicionado*, y por lo tanto
sin método, tesis
ni otras hipótesis autorizadas
sobre la *infidelidad*.

No Andes Con Esa Gente

No andes con esa gente:
aleja tu luz de la penumbra
de esos cuerpos huecos;

demuestra que la belleza
puede ser hermana de la lucidez
y que el talento debe andar
bajo la nube de tu pelo
como luciérnaga que alumbra el genio;

impide que los chulos
hagan de ti toda su pompa
o que tu nombre rebote
como perla altanera
de lengua en lengua
o de pene en pene
donde *Alacranes* petulantes
lo envenenan y enferman.

Escucha muchacha:
no andes con esa gente;
aleja tu luz de la penumbra
de esos cuerpos sosos
si no quieres que te juzguen
por aquella burla de sombra
en la que un día te convertirán.

Ya No Me Inspiras

Ya no me inspiran
estos estados
ni tus pesares -ni los míos-

ya soy roca muerta
ave caída
nieve perpetua;

ya muere la luz
y se abre la noche
de la eterna búsqueda:
seré rapaz paciente
esperando la emoción sentida
-no la simulada-
el sufrir y el ser feliz
bajo los cuerpos
y otros placeres.

Vuelco

Detengo el tiempo por ti
en urnas de cristal:

ni un segundo más pasarán sobre tu piel
mis corrompidos ojos

serás el finito para mí, como ahora
las paredes de mi cuarto

y ni espejos ni días tristes cambiarán
para mis ojos tu belleza
ni el amor que, como lienzo, cuelgo
sobre estos muros

los que ahora congelo
entre cristales de tiempo.

Encuentro

...pareces lo que busco.

Eres el espacio eterno que se busca
en el sueño de los hombres
y descubrirte es la forma más dichosa
de reconciliarse con la Tierra.

No te fíes de mis suaves manos
porque ellas te esconden
los modos sutiles de encontrarte.
Y no me ocultes tu mirada de quimeras
que de nada valen los misterios
si se llevan delante de los ojos.

Y ya se sabe que eres
el espacio eterno que se encuentra
cuando se ha mirado toda la Tierra
donde yo sólo soy aquel sueño felino
que te acecha en su silencio.

Palabras II/ *El Último Ángel*

se quebró la cuerda en su mirada
el mismo instante
en que derramó sobre su pelo
el color indeciso de sus pupilas;
dejó de ser cuerpo: ahora es alma
restos
de una estirpe perdida
de titanes alados
sangre
de holocaustos que redimen
en todos el sacrificio salvador
por el hijo
de un *Hijo de los Hombres*

ella es
el *Último Ángel*

quise tocar sus alas
pero a un duende poco importan los asombros
si piensa que un ángel puede hallarse siempre
en toda mujer

y palpé entonces la inocencia divina
en el plumaje rendido
de su tristeza;
me sumergí en su dolor de espectro
entre oleadas de aves negras
y patines que volvían con los niños
hasta aprender que la vida

es el camino más lancinante
hacia la muerte
y muchas cosas
como que el paso de un ángel
por cualquier terrestre sendero
debe ser bálsamo cloral
para las sangrantes angustias
de los mortales

no siempre es cierto:
lo divino también precisa de socorros;
tampoco que es ya una estrella caída
pero, cómo hacer
me crea

cómo decirle que un ángel
debe volver al cielo
sólo después de salvarse
y nunca antes de salvar la Tierra

cómo hacerle entender
que apenas quiero ser aquel justo
de la *Ciudad Perversa*
donde mi pecho pueda ser blanco
para brujas y dragones de venganza
y que no por ello seremos más
los muertos

porque vivir será entonces
y salvados seremos
cuando me enrede con ella
entre las nubes y el polvo
de su vientre.

Tú Me Recuerdas A *Flora*

Tú me recuerdas los ojos y el amor
de los años imberbes de conquista
la yerba en la boca
y detrás de los cabellos.

Tú me recuerdas el futuro
los labios que deben ser arrancados
del mañana que está pasando
sobre tu cara y tu sonrisa:

evocas el Prado de los trovadores
donde cantan los sueños
-a pesar de la hora de los ciclones
y la indiferencia de sus leones de bronce-
revives sus bancadas de mármol
en los que se amanece de besos, sin importar
la oscuridad de farolas milenarias
-o la luz frondosa de ramas infinitas-
el granito horadado de lluvia y bastones
ni los ojos, verjas y guardavecinos
de sus cómplices balcones.

Tú invitas a la inocencia,
a cantar en la Alameda de Extramuros
y me traes de vuelta el destino:
pero más me recuerdas a *Flora*
con anónimos trazos de colores
-y nueva yerba- en la punta
de tus cabellos.

Desfase

A Carilda

Por instinto te busqué entre vergeles
y por ventura a tu arbusto de croto
-trasnochado de gatos, casi roto-
fui trazando con minas y pinceles.

En tu verso hallé rastros de mis pieles
el ritmo en cuya búsqueda me agoto
y en mis noches *cósmicas* fui devoto
del *desorden* que diste a tus *corceles*.

Reo del tiempo y místicos dilemas
soy el joven que alcanza sus nirvanas
en tu versada voz y tus lexemas

y cuando vuelta en alma tus mañanas
reencarnes, te sabré en los poemas
que volverán a alborotar mis canas.

¿Quién?

¿Quién es ese hombre que te ama?
¿Quién es aquel que amasa en tus senos
toda la suerte de la Tierra?
¿Quién descubre en tu pelo
pájaros, flores silvestres
melancolías, rotos espejos?

¿Y quién, dime, enciende
en tu desnudez la leña
de tu cuerpo cobrizo con el fuego
que emerge de tus aguas?
Dime quién, desconocida:
para embrujarlo en cada luna
para matarlo en tu vida a hechizos
para apartarlo de tus ojos con un *ojalá*
de deseos maldecidos
y apropiarme hasta llegar a tu piel
de toda la suerte de sus manos.

Dime: ¿quién es ese hombre que me mata?

Como Súbito Aguacero

No puedo deshacerme de aquel gesto...
Tú te conviertes de pronto por él
en mi único destino y ahora intento en ti misma
encontrar nuevas claves para alcanzarlo.

No sé cuándo, pero tu sueño llegó rápido
como la espera de lo fortuito
-y arrasador- como el súbito aguacero
que limpia las cañadas y los ojos
de los muertos.

Tampoco sé cómo, pero el tiempo se detuvo
con esa seña tuya y en mí sólo avanza
arrastrando un espejismo que acompaña
tu desértica belleza y me dice:

que no me aparte
que siga siendo aquella suerte de canción
que siempre te guardó La Habana.

Momentos I/ *Coda De Aguacero*

Lo más difícil de este propósito
no consiste en
acercarme inadvertidamente
sino en que, cuando lo adviertas, sientas
que ya no deseas alejarte.

Palabras III/ *Harry Y Sally*

cuando pienso en la maldad del mundo
en la complejidad del ser humano
en los deseos reprimidos
-lo que significa moral, educación
y todo eso de Freud-
me miro y os veo casi animales
vislumbro nuevos holocaustos
o predico que la vida es la única profecía
a pesar de la muerte que nos depara

yo presiento que lo escrito se nos borra
cuando reniego de alguna cruz
o lamento olvidarme de los sabios
imprescindibles, pero tan solitarios...

a esa hora
más bien me acuerdo de Harry y de Sally
y me hago más público en ti
porque creo lo mismo que Harry
si te digo que no puedo ser tu amigo
o si me aferro a la idea
de ser un profeta de estos tiempos
que vive una era que no conoce

entonces me quedo solo
tan solo como sabio de montón
gravitando en ese espacio perdido
de la mirada que extravió
el último recodo de realidad

y allí me respondo:
¿hasta dónde llegarán mis deseos,
mis pecados?
¿cómo se entenderán cuando se encuentren
con nuestras verdades?
y mis verdades...
¿cuáles son?

Manuel Mérida

Cuitas Y Aclaraciones

No es mi *exmujer*
y mucho menos mi vieja casa
-ni es de locura-
eres tú trasnochándome;

no es la miseria
que se come a los que se quedaron
-ni es del misterio-
eres tú indescifrable;

no es el invierno
con sus nubes sin color, su pena
-ni es del hechizo-
eres tú encantándome;

tampoco son
mis modelos, mis *geoperfiles*
-ni es por mi padre-
¡o los de peor suerte!

Yo estoy triste
pero es zozobra, ansiedad de ti
-por lo difícil-
pero no es desamparo.

Ese Cuerpo, Ese Amanecer

Ese cuerpo que ahora vibra
lejos de mí
ese corazón que persigo
en sus latidos
esa tierra que me prometo:
¿será planeta,
dominio de mis corsas manos?
¿Será mi vicio,
mi arena, mi isla amanecer?

¡Ah...
esa tierra, ese amanecer!

¿Será lujuria, mi pecado,
algún tesoro?

¡Ese cuerpo, ese amanecer!

Manuel Mérida

De Todos Los Hombres

A qué mirar tus ojos, si sé me atraparán
y por qué no hacerlo, si me pierdo la suerte
del SER atrapado.

Eres demasiado bella para mi instinto.
Y siento en mi sien el sabor raro y distinto
de lo imposible, sin esperanzas ni anillo
porque tú, mujer, más que quimera y desvelo
de todos los hombres debieras ser consuelo
pero a ti: ¿cómo contártelo en mi estribillo?

Eres demasiado bella para mi gusto.
Prefiero callar a lo lejos, donde el justo
temblor de pupilas de asombro te detienen
la cintura y desnudan tu busto barroco
que con brisa de manos sostienen el foco
de mis ojos: ¿viviré de atisbos que vienen?

Eres demasiado bella para mi hombría.
Mi alma de hombre egoísta no soportaría
dividir tu reflejo en pupilas ajenas
prefiero jugarte de lejos, en mi mente
a que pudieras ser mía, secretamente
guarecida: ¿para no perderte entre hienas?

Eres demasiado bella para mis manos.
Pero si dejas caer tu piel en mis sanos
toques dactilares, si tus labios colocas
al cierto alcance de mis besos y centellas
todo el sinsentido de estas tontas querellas
negaría: ¿ves los absurdos que provocas?

Palabras IV/ *Carta Suicida*

puede que la vida se escurra
huidiza a nuestras espaldas
puede que esa serpiente ignore
nuestros gritos casi mudos
puede que nos miremos tontamente
mientras se escapa el aliento

¿acaso no es peor que su mordida?

y es que la vida se recicla a cada instante:
una culebra, una manzana
y dos tontos desnudos
¿qué más hacía falta para corromper los ojos?

creo que tu risa lo habría hecho
sin engaños, sin fronteras ni castigos
sin hojas defoliadas del infierno;
más tarde o más temprano el hombre
habría mordido tu manzana
sin diablejos, sin sierpes ni venenos
sin enigmas en las piedras

creo que tu mirada *sueñodeseo*
le habría empujado

y es que en verdad eres origen del pecado:
cuando tu gesto, lento y sensual
domina los corredores
cuando tu pelo se transforma en fina yerba

el viento rubio lo dobla a trigo
cuando atrapas una puerta en tu saludo

cuando cantas con la llaga de tus ojos
cuando tus dedos erotizan el color de tus uñas
una mano se convierte en esperma y café
tu voz de húmeda corteza se desprende
cuando eres comienzo y fin de los pecados

¿qué impulsa a un hombre triste
a estrellar sus falsas esperanzas
contra un muro de veinte ciclos de estaciones?

¿cómo luchar después de la tormenta?

un futuro de brumas y neblinas
se levanta sobre un pasado incapaz
de alegrías demandadas

y es que él sólo reconoce la Tierra
esa gota de resina adornando
el universo con su cáscara
de verdes placas y azul profundo,
ignora las leyes y mañas del mercado
cuando decide por misterios
que atrapan su minúscula razón,
cuando olvida las vidrieras de mujeres
disponibles en convenientes *autorregalos*

ante él te levantas en pared de costumbres
y sueños de veinte siglos de simiente;
detrás se derrumba un montículo de fracasos
de piedras desmayadas también

por otros tantos inviernos de pobrezas
y tormentas
mas no le importa

es estúpido trepar murallas
cuando se espera caer de las nubes
o arco y flecha
hacha y maza en mano te golpean
escalera de espaldas al abismo
hincado de lanzas te traspasan

o simplemente resbalar por sus poros
y moho
y la muerte sobreviene

¿quieres saber...?
tu rayo de asombro es el impulso

desconozco todo lo que se esconde
detrás de tus mamparas
sólo reconozco los cuellos de tus pies
y la planta de tu rostro

sin embargo imagino todo lo que se oculta
detrás de tus vestidos:
el seno fino y blanco de roja corona
tu cicatriz de vergüenza confinada
el muslo lacio de vello erguido
su rubio peregrinar de poro en poro
tu vientre con rala y negra estela
hasta el venus que nos guía
entre acertijos y asteroides
al abismo de soles y esperanzas;

tu espalda de húmedas palpitaciones
sobre justos y serenos soportes
tu cintura donde agarrar tus gritos y gemidos

o detrás de lo etéreo de tu pecho:

tu dolor de más de tres décadas dependientes
tu monótona existencia de prontos anocheceres
            o tardíos amaneceres
tu sueño escamoteado en el deber de parir
            de cocina y detergente
de cama y esposo compartido
            de balde y frazada
de sacrificio por Demontre
            de plancha y tendedera
de desprecio y autodestrucción
            de escaparate y gaveta
de tu estima lacerada
            de cama y letrina
de ángeles crucificados
de las hormigas que en el pecho te atenazan
y te cargan a lo oscuro

yo en cambio apuesto
por tu sonrisa reflejo de tu alma
ancha como puede el infinito
y compraré tu alegría
aunque pague con monedas de felicidad

por eso me entrego a sangre fría
sin anestesia en mis tendones
para que aproveches mi desesperanza
y te rías de mis gritos

cuando esté enamorándote
tratando de romper, como ahora
el nervio mudo que amordaza
si entre dientes callo y quieto
a tu lado

porque te quiero a ti
más que amiga, más que mensajes
más que café y teléfonos
más que consejos, más que palabras
más que mano y compañía

todos tenemos algo que llorar
mas uno cree que siempre ganará
en el reto de las lágrimas
y tú eres en fin
lo que ahora más procuro
lo que quiero que salves conmigo:
un sueño de cama y paraíso
que te entrego sin papel de regalos
              ni lazos de colores
que pretendan absolverme
de adúlteras intenciones.

Nueva Canción De Invierno

No te inmoles y suelta tus amarras.
Desliga ataduras en tu pecho
que los años no perdonan
los deseados sueños congelados.
¡Mira que puedes hacerlo todo
que la vida puede empinarse
desde tus manos
encumbrando cada piedra de alegría
sobre ruinas de desdicha!
¡Llevas un siglo ya muriendo
entre promesas y deberes!

¿Cómo puedes morir tanto?

Descongela tus pasiones
que de pronto se pudren
como carne de muerto
en tu milenario letargo invernal.

No te inmoles, no lo necesitas.
Yo, por si acaso, seguiré predicando.

Momentos II/ *Coda Al Invierno*

No quiero forzar tu alma, tus gustos
tus sentimientos
lo que quiero es curarte de penas
mezclando el jarabe de *Palabras*
con la pócima de mis *Momentos*.

Del Mismo Polvo, La Misma Agua

Yo no tuve que salir desbocado al mundo
a buscarte en caballitos de mar:
yo te encontré como a estrella fugaz
cuando empezó la noche a pedir su caída
de deseos.

Yo no fui el peregrino de las ciudades
y los nidos: tú ya estabas ausente
de caminos en el umbral moroso
de tu carrera y tropezaste con el ancla
de mi puerta.

Por ello son míos el olor de tu abrazo
y mejillas, el lunar australiano
de tu espalda, el surco de tu pecho
la gota de calor y cabello que emana
de tus poros.

Pues somos la misma arena y savia latente
de bautismo indígena que aún rueda
por las calles de un pueblo miserable
y triste, renegando de su áspero polvo
de herraduras.

Yuliet

A una bailarina cubana.

No necesitas tablados ni castañuelas:
tu cuerpo despide millones de sonidos

y ni la música ni la voz llenan
el alarido de ritmos que dibujan
tus miembros y cintura;

tampoco precisas de las luz
ella te acompaña sensual y bulliciosa
impregnando tu piel de mil colores
danzando borracha sobre tus senos
que saltan firmes
y rebotan en el retozo
como en una estampida de corceles.

Mulata
mirándote, el hombre reconoce
la perfección y el deseo
el milagro de la carne
y el alma no tiene motivos para marchar
-fosca y sola-
al trémulo rincón de tu recuerdo.

Palabras V/ *Has Perdido Al Hombre*

has perdido al hombre que dice
que tienes piernas de bailarina;
se ha marchado el que decía
que ya estabas seca al verano
y se fueron de ti tras él
los modos diminutos con que te llamaba
todo *hacer el amor*
sus promesas
su mundo mágico y confuso
su mentira
y una buena parte de tu vida de adulterio
que ni siquiera podrías explicar

se te escapó el sueño en su partida
y te dejó sólo lágrimas
un montón de palabras esparcidas
y los besos
que a lo mejor tratas de clonar
sobre los mismos lugares de apuro
donde hicieron el amor

y mientras lloras un pasado
tembloroso y enfermo de futuro
te pierdes a un hombre que espera
morder la aurora donde nacen
y terminan tus piernas
derretir la nieve acumulada en tu cintura
y tragarse de una vez por todas
tus pies descalzos

o con bandas y zapatillas.

Momentos III/ *Coda A La Bailarina*

Tan cálida, tan dulce, tan frágil
que casi todo:
un sueño susurro, una mirada
deseo, una palabra sorpresa...
como una hoja te harían temblar.

Una Canción Para Mi Lira

Si *Aquel* hombre se marcha
otro siempre llegará: vela un sueño
que rebrota en la escarcha
cuando queda sin dueño
una *Rosa* de pétalo risueño.

Aquel hombre es la muerte
aquel hombre ya es nada
pero tú eres mi suerte
y vas tú abandonada.

Soy el *Otro* que llega
el que tu jardín cura: quiero ser
la abeja que te brega
y goza, el mercader
de tu rocío en cada amanecer.

Aquel hombre es la muerte
aquel hombre ya es nada
yo puedo ser tu suerte
tú puedes ser mi amada.

Laberinto

Dices que mi voz se apaga
como frío suspiro de otoño;
que caen los pétalos de mi pecho
con soplo de horizonte desamparado
y has decidido, por ello, escurrirte de mí
en tu laberinto.

Es tan cruel a veces la verdad
que acaso deseara vivir de la mentira;
porque es tu indiferencia hija
del despropósito de tus caminos
y mi incertidumbre: adentrarse
por cualquiera de esos atajos.

Me he detenido con recelo
donde se cruzan tus cuatro vientos
mientras zozobras camuflada
en la encrucijada del enredo

y allí aguardas por mi grito desesperado
para escapar otra vez
o por mi risa para rendirte
si es que te flecho al final
con esta luz de certera perseverancia.

Qué Hacer Con Mi Verso

¿Qué hacer con mi verso
ahora que te escucho,
ahora que te devoro
y repito tus días y tu alma?

¿Qué hacer con mi música,
en qué octava anoto
mi poema afónico para ella?

Dime tú, *Divino*...

¿Qué hacer con esta voz que ahora
me llega tan diminuta y oscura
cuando me empino a tu lado
y me vuelo la vida a cigarros
e insomnios?

¿Qué hacer con mi verso
después de leerte, Martí?

Deseo

Con alevosía...

Depredarte:
y sobre tu espalda vencida esquilar
cada hueso devorado de tu carne;
delirarte:
y convertir a tus piernas de gacela
en eterno banquete de mis colmillos;
navegarte:
como sólo se conquistan las mareas
en un mar infinito de tempestades;
penetrarte:
como ciega abeja, que sabe besando
dónde comienzan y terminan las flores.

No Puedo Ni Pensar El Tiempo

No puedo ni pensar el tiempo
que me espera
-te juro por todo que es difícil-
y tampoco sé qué has hecho
para sacar esta esencia de mi cuerpo.

Nervio, y me haces gritar
la aurora que despiertas
el letargo que levantas.

¡Mira esta energía que me gasto
con tu sueño!

Eres misterio
materia escondida
éter eterno.

Y en medio de todo
es tan difícil pensar
el tiempo que me espera
como intentar explicarme tu presencia
como querer expresarte
que de ti sólo tengo estas horas
y ya te apareces
hasta en los ojos de mi sopa.

Moraleja De La Indecisión

Quiero que sepas que la vida
es una perla escondida en el fondo
del cielo;

que tensarse a ella en una zambullida
de ozono y de misterio, no evita ignorar
el color que llevará en tus manos;

que puede ser dura o blanda
pura o turbia, como la luz
que taladra su alma nebulosa.

En fin, quiero que sepas
que la vida somos nosotros:
únicos y duendes
cada cual en su concha
de nube y nácar.

Decisión

¿**A**l mar? Donde
no me toquen
ni sofoquen
los zarpazos
de tus costas;
que me lastran
y me arrastran
a tus brazos.

¿O a tu isla?
De embrujadas
escarpadas,
de cadena
de arrecifcs:
¡y que encalle
a tu talle
de sirena!

II   A toda vela

Amor, ¿cómo es que usas
el mismo corazón en que naufrago...?

Carilda Oliver Labra

Palabras VI/ *Mi Mañana*

entro a mi oficina
y a pesar de los pasillos
que me separan de ti
siento que estás unida a mi llegada
más allá de los cables telefónicos

porque este edificio tiene tu rostro;
porque las puertas que guardan
el ánima que te asocia
me dan la bienvenida;
porque contigo empieza mi mañana
y de nada me vale la pobre
si no sé, que estás para verte

por eso te busco
y a veces, vienes a verme
con tus buenos días
y el beso en la mejilla
y siento entonces que me devuelves:

el ánimo del combate
        la alegría de tu existencia
                las palabras difíciles
y alguna maravilla
como la esperanza de volver
a almorzar contigo.

Momentos IV/ *Coda A Mi Mañana*

Con esta confusión que provocas
apenas supe
si mi alarma *antivacacional*
se activó por mi amor al trabajo
o por ganas de volver a verte.

Fe

Volveré una y otra vez sobre tus pasos.
Vigilaré tu cintura, hasta que escuches
el sonido de mis ojos penetrando tu cuerpo
como salto de agua que rompe la roca.
Y al volverte, no importa que digas no.
Y al mirar el destiempo de mi rostro
no importa que digas no.

Yo lanzaré una y otra vez mis *Palabras*
a tu lejano oído, hasta que penetren
furtivamente mi pasión y mi confianza
el amurallado jardín de tus temores.
Arriesgaré una y otra vez mi ánimo
lucharé cada tramo de tu mano
hasta suavizar el eco de tu voz
que me dirá por última vez no.

Porque en eso consiste mi fe:

en creer que, si no suelto tu sombra
algún día será la mía
en confiar al crepúsculo de cualquier *no*
la aurora redentora del primer *sí*.

Si Te Enamoras

Si te enamoras de mí
no vendrán las censuras
a inquietar mis horas
porque a fin de cuentas el amor
es entidad que vive
de consumir amarguras.

Si esto ocurriera
—si de mí te enamoras—
no quiero que vengan los reproches
a enviudar tus días
porque tras el desorden que provocas
en tu casa, te aseguro
recogerás el placer
de poner en orden la mía.

Así, si te enamoras
del misterio que me envuelve
o de la confesión que me arrancas
estarás purgando de pecados
—y soltándolos al viento en que sacudes—
el *hábito* que esconde y despliega
las alas recogidas
que ahora te consumen.

¿Cómo Decirte?

Cómo decirte, pequeña
que estás aquí, muy adentro
y te quedes.
Cómo avisarte, mi dueña
de mis deseos de encuentro
de paredes.

Cómo contarte, Paloma
que te quiero, sin perderte
a otro nido
-a la cima de la loma-
sin alas para traerte
del olvido.

Palabras VII/ *Al Borde De Mi Cama*

ando por los rincones de mi oficina
y tras los cristales y la yerba estás tú;
colgando de las paredes y humedecida
en el humo del cigarro que quemo
y me devora, estás tú

estás tú después de las cinco
y yo varado, tullido en la lluvia
maldiciendo debajo de un árbol
a los funcionarios en sus autos
renegando de este miserable país
y de la hora en que todavía
ando perdido por las calles
lejos de mi niña y de mi casa;
y allí, en el agua, por suerte estás tú
en el cielo que cae, en el viejo tronco
que se arruga, en el torrente que navegas
en mustio barco de papel
estás tú

estás tú al final de mi calle:
lo recorro todo para arreglar
el día y las miserias
y me doy cuenta muy tarde
—muy de noche y sin remedio—
que sobre mis sábanas te disipas
que quien me mira sentada
al borde de mi cama
no eres tú.

Tus Ojos

Mar de cálidas aguas
cielo de cristal del alba
zafiros de luz del trópico
a veces, como raras turquesas:
¡tus ojos!
Concreción de todo el azul
quietud que hipnotiza y embriaga
lujuria que se alcanza
en el ladeado suspiro
de tu mirada.

Tus Piernas

Miguel Ángel no podía imaginarte
en la espesura de tu pueblo islámico.
Sólo conoció al Cristo
y Alá fue quizás para él
un delirio inconcluso de tu estirpe arábiga.
De lo contrario
tus piernas perfectas habrían eternizado
la vida en la piedra
-como *David* impecable-
de divina inspiración.

Tus Senos

Quisiera morderte con sano relámpago
y furia de mojada ventisca
donde tus pezones
-esos edificios que traspasan
la neblina de tu blusa-
sean las torres interminables
que se balanceen en el cielo
de mi boca.

Si Pudiera

Si pudiera en un golpe... beberme todos tus enigmas

Osvaldo Rodríguez Morán.

Si pudiera arrinconar tu tristeza;
si pudiera desde tu piel pulida
adueñarme de toda la belleza...

apretar contra mí toda tu gracia
tragarme tus aguas, toda la vida
que te queda en un trago de audacia.

Si pudiera cantar tu mismo canto;
si pudiera intimidar al espacio
que me aparta y desvía de tu encanto...

arrancar del mundo infame el rincón
de tu esplendor, saltarme los deseos
de *dios*, hacer mía tu perfección.

Si pudiera con toda esta cordura
enloquecería dilucidando
con qué diablos me enfrento a tu hermosura.

Momentos V/ *Coda A Tu Cuerpo*

Para ayudar a Silvio.

Si me dijeran: "pide un deseo"
preferiría...
el cuerpo de *Rosa*, un cóctel con
sus pétalos y hojas, el pezón
de sus espinas, y su corola.

Palabras VIII/ *Yo Sé Que Soy Feo*

yo sé que soy un tipo feo;
hace mucho tiempo comencé a sospecharlo
y poco después tuve la certeza
de mi destino

pero eso no siempre fue así
de niño, siendo *pionero*, clasificaba
entre lo más bonito de mi escuela
lo que despertaba indudablemente
el orgullo de mis padres;
no lo digo yo
tampoco lo hago para consolarme
lo dijeron los viejos que me rodeaban
y una serie de hechos concretos
que podrían sostener todo lo que hablo

ahí guardo las fotos que lo atestiguan
fotos históricas de apócrifos actos
donde leo delante de todos
los *comunicados* de ocasión
que por entonces preparaba
mi exitosa y eficiente directora

o bien con mi traje de torero
o bien con aquel redoblante
que apenas podía redoblar
pero que, por adorable, me lo colgaban

fui entonces *Jefe de Escuela*
y ya se sabe que los jefes de escuela
además de cierto respaldo
debían ser muchachos vivos y guapos
con alguna *tabla* y cierta inteligencia
para manejar las multitudes
de lo contrario, cómo ganarme
a las decisivas niñas de pícara sonrisa
y enamorados cuchicheos infantiles
que votaban ciegamente por mí
mientras hacía ver que era
el mejor espadachín del *seminternado*

dirigía los actos, los matutinos
llevaba mi voz a todos los rincones
para informar las buenas y las mejores
y fomentaba amistad
en círculos internacionales;
fui una vez delegado a un *Festival*
y cené, hablé y aparecí en la prensa
con Fidel...

-ya sé lo que piensas,
pero era sólo un niño-

guardo también, las fotos de papel
de las que entonces fueran mis novias
tantas, que aun después de adulto
no he podido igualar aquel récord precoz
-ni siquiera con mi *Smartphone*-
y de todos los hechos, ese es
el mejor testigo de que era entonces
un niño bonito

pero todo empezó a cambiar
cuando llegó aquello del *desarrollo*
me percaté que ya nadie en el *pre*
me proponía, ni siquiera, para jefe de grupo
tampoco las chicas me miraban
para celebrar lo bien que jugaba *baseball*
y mis noviazgos se hicieron más esporádicos
y difíciles, a la par que empeoraba el arte
de reunir a las hembras
alrededor de mis cuentos aprendidos

fue una etapa muy dura y lo puedo jurar

me miré mucho en el espejo
para ver qué ocurría
y noté entonces
que mi cabeza se anchaba aún más
sobre mi frente,
que la nariz me crecía a lo Bécquer
y que el mentón se afinaba
robando espacio a mi dentadura;
el pelo por su parte
caminaba aventureramente hacia atrás
arriesgando una calvicie precoz,
mientras las piernas se arqueaban
ralas y confusas por la poca saeta
para cargar entre ellas
o al menos
no con lo que hubiésemos querido apuntar
mis mujeres y yo

-y no voy a hablar de mis nalgas
las cuales se estiraron hasta desaparecer

en los bolsillos-

en fin: desangrado, desnalgado
y con malos dientes para reír
sólo conservé aquella inteligencia
que si bien no me servía ya
para convocar las multitudes, al menos
me ayudaba a navegar virtuosamente entre ellas
en los momentos de ocio y *levas cortadas*
y permitirme entender los discursos prohibidos
que tanto me hicieron cambiar en la universidad
empujando mi razón a renunciar
y definirme desafecto del eterno contexto
de crisis y coerción *totalitarias*

por todo eso, me di cuenta un día
de que soy un tipo feo
y créeme que es duro reconocerlo

te lo digo
no para que me busques en el pasado
sino, para que sepas que yo lo sé:

que lo que no entra por los ojos
nunca perfora el alma;
y que si cargo a machete y contracorriente
es por esa fe que me concurre
en penetrar corazones de acero
con esas impías armas que dominan
mi desvergüenza
                mis *palabras*
                    mis *momentos*.

Osadía

¿Por osar?...¡No me condenes!
Que de pecados, tal vez
y castigos
están marcados los genes
de *la creación*, del *Juez*
sin testigos.

¿Qué Hombre Es Este?

¿Qué hombre es este
que se desgarra
y descubre soldado en la nieve
de mis sueños?
¿Quién se sacrifica
-cuando no me reconozco-
por acompañar la danza mortal
de la gaviota del último combate?
¿De quién?:
este cuerpo desnudo
que se hinca en tierra
con casco y pupila alertas
y que sólo despega su empeño
con el vuelo de cierta
y rara mujer.

Palabras IX/ *Necesito Tiempo*

necesito tiempo
para hablar contigo

tocarte

contarte los años que guardo
y la vida que atesoro
porque de asaltos y de olas
me concederás los tuyos;
no será tan fácil
pero te propongo lucharnos
inventarnos de pródigas horas
y que ellas nos muestren
los modos y marañas
para desnudarnos

en esa pugna
cabe que subas sin sonrojos
de vez en cuando a mi estrella
o que yo me quede un rato
a la tarde contigo
antes de irme -tocado de ti-
a partirme en dos
a mi casa
a mi cama
a la Luna
con mi mano.

Es Cierto Que No Eres Mía

Es cierto que no eres mía
que tu cuerpo sigue siendo
el planeta de mis vuelos
invisibles.
Pero yo ya he recorrido
tu tierra y tus aguas tristes
aliviaron mi garganta
corrompida
entre la espesura vaga
y confusa de tu selva.
Y al divisar tus laderas
esculpidas
en abrazos -por aquel
mar recóndito y lejano-
mis manos se abalanzaron
a tus costas
asiéndose a la quimera
de tu dorada conquista
como arcaicos galeones
bucaneros.

Es cierto que no eres mía
pero yo soy un pirata
de comarcas y planetas
florecientes:
el que nada y todo tiene
el que no quiere perderte
aunque tú digas que nunca
serás mía.

Quiero Varar Mi Nave

Quiero varar mi nave de ensueño
encallar en tu vientre sin dueño
lacio y terso en tu dulce gemido
subir al valle que abre y extiende
su trébol, en tu monte de allende
hasta el cerro de tu seno ungido.

Quiero rezar por tu bolsa fértil
-y maldecir la semilla infértil-
irrigar el verde, y la vendimia
anunciar a voces por tu villa,
clavar allí la errante rodilla
y avinagrar tu mosto en mi alquimia.

Quiero implorar por la feliz hora
en que bajando de aquella aurora
pueda beber mi agua de bautismo
en la fuente del sur de la cita
de Venus, donde se abre y palpita
la quebrada húmeda de tu abismo.

Cuando Estremeces Mi Soneto

> *... pierdo el balance y no encuentro el eje*
> *de mi hemistiquio alejandrino...*

Me estremece la entrega sensual que te piensas
la sonrisa grave que acaricias, si a tu frente
empinas tu arábigo perfil del Oriente.
Me estremecen tus pequeñas frases, por inmensas.

Me estremece la elevada estrofa que cocinas
tu culto ademán de sociedad, los manjares
de obscenos y plebeyos poemas para zares.
Me estremecen tus pechos punzantes como espinas.

Me estremecen: el erótico gesto que fraguas
los rebeldes, comedidos juicios de tus rotas
esperanzas, la vida que te paga con gotas

siendo la émula que encara aguaceros sin paraguas
el frescor, la brisa que de tu aliento llega.
Me estremezco... y presiento tu infalible entrega.

Sólo La Brisa

Sólo la brisa suave
de la mañana
como ondulado solo
de velo y ganas

pudiera sólo, al éxtasis
de tu imprevista
sensualidad, robarse.
Sólo la brisa...

Antropología De Un Beso

Nos separan los siglos de castillos medievales
y los humildes bohíos de tierra y palma
las luces blancas y frías de tu París
las calles oscuras y extrovertidas
de mi Habana.

Nos separan los siglos de banquetes balanceados
y la cultura grasienta de mi criollismo
los refinados conciertos de tu París
las parrandas, congas y carnavales
de mi Habana.

Nos separan los siglos de pureza de tus ojos
y el majadero mestizaje de mi pelo
las torres de hierro y nieve de tu París
los raídos y derrumbados muros
de mi Habana.

Mas, nos une el instante y poema para un *encuentro*
con el hilo blanco que zurcí a tu cintura
la danza afinada y sensual de tus caderas
con el son de las mías, al agarre
de mis manos.

Nos une la piel, calcinada al sol, de tus ancestros
en su aventurar por el polvo americano
las lenguas latinas que apenas nos separan
con el enredo de lenguas del beso
de mis sueños.

Para Besarte

Ese néctar que me aguarda
sé que está en tu boca:
lo tomaré lento
para no dudar de modos
y lo tomaré violento
como quien clama
entre dunas, agua.

Quédate quieta
que ya te tomo en nervios
para apocarte, para beberte
encima de una estrella
para que me des tu aliento
y tu duro pecho
en este cruce alado
de las almas.

Palabras X/ *Yo Espero Que El Día*

yo espero que el día
en que mi sexo se una con el tuyo
ocurran cosas poco comunes;
no hablo de eventos místicos y esotéricos
como la caída repentina de los astros
o el súbito desenlace de las guerras
en un abrazo
hablo de lanzar nuestras ropas por los balcones
como cometas que carbonizan la noche
o fundir nuestras querellas y porfías
en un lazo de sudor y semen

sólo por eso, merece ser un gran día

un gran día
donde puede que no encuentren
flores en los campos, pero a cambio
lucirá la primavera en nuestros cuerpos
y en tus claves erógenas habrá, al menos
una rosa recorriendo lentamente
tu piel sin espinas

estarán también mis manos finas
y -lejos de la Luna- desterrados los trajes
velos y paños que le impidan descubrir
al unísono, todos tus recodos
los mismos que ahora me escondes
bajo la buscada transparencia
de tus ropas saltarinas

porque el día
¡ah!
la tarde
la mañana
la noche
en que tu sexo abrace al mío
habrá llanto y risa
sol y sombra
libertad y condena
toda la mentira en la verdad:
¡toda la antítesis del universo
en el mismo polo!

y se percibirá la unidad
del mundo y los sentidos
-del espíritu y la carne-
de las aguas que brotan
dándole vida a tu nombre
y a tus flores

el día en que mi sexo
se avenga con el tuyo
será el más grande de los días:

aquel que podrías perderte
pero no evitar
porque ya se lo tiene guardado
esta sábana, sudada y enferma
de sicalípticos sueños.

Momentos VI/ *Coda Del Día*

Entrégate, y aprenderás mucho
sobre el amor
conmigo: porque creo en mis manos
sobre todo, cuando falto a tanto
por cursarme en el amor contigo.

El Rostro Perdido

Yo fui un adolescente con toque de queda
-uno más entre cien literas insomnes-
un *cuasiniño* a salvo de abusos
un sobreviviente del odio
en la Lenin.
Yo dormía un amor
enjaulado en taquillas
de escaleras y pasillos de ronda
y viví el sueño erótico, que nunca creyó
que lo fuera:
fue Ella su pelo negro, el cuerpo levitado
en mi piel, un producto perfecto de dios
en mis manos.
Llegó antes de llegar
a mi cama, entre tantos
no la vi aparecer, no la sentí venir
no supe si me despertó.
Cruzó, creo, compuertas de otro tiempo,
espacios que dobló en otro cielo.
Y me amó mi primera vez, casi cierto
casi brutal.
Ese es mi secreto.
Y en el plasma y polvo de su huida me dijo:
-Te espero. Búscame-.
Tan real...
Pero iba Ella sin rostro
era nube de labios sin párpados
era cera,
sombra,
un despertar de fiebre

de grito y de semen:
la cara que no retuve.

Y dejó su boca y sus ojos
-como zapatillas de cristal-
en mi memoria de príncipe enano.
Desde entonces la busco.
Busco sus brazos, sus piernas, su cintura.
Busco sus pechos, su pelo, sus manos,
su voz, para ponerle un rostro a su boca
y a sus ojos, una mirada.
Sí, desde entonces el místico pasado
el grito del otro lado
el negro agujero
la duda de *dios*
lo real
lo maravilloso
el fui
el soy
el Gran Hermano
Ella
y años.
Años.
Años.

Y de pronto Tú...
Y el mismo cuerpo que flota.
Y el rostro perdido:
¡tuyo!
donde calzo tu boca
y te planto
-en un beso-
tus ojos.

Cita

No pienses que por traerte aquí
me debes algo:
ya tú con tu presencia
lo has pagado todo.

Yo sólo quiero que enfundes
tus manos con mis nervios
y me palpes con cada
fibra de tu cuerpo

que intentes conmigo
atravesar sin tropiezos
—y por los bordes del misterio—
este viejo sueño de conquista.

Yo no te pido *contravoluntades*
sólo me dejes ahora
caminar sobre tu vida.

Manuel Mérida

Palabras XI/ *Ya Eres Mía*

> *...porque más nadie escriba nunca esta mujer es mía*
> *como si fuera un libro o una lámpara.*
>
> Raúl Rivero

por corredores me dirijo al acuerdo
a despecho de la fuga y la oscuridad;
sin testigos, -solos tú y yo-
esperas y brillas con difractada luz
que te baña tras los cristales

allí quietas fulgurante y delatora
como góndola dormida en mar apacible
de aletas y piratas;
soy tan del acecho, que hasta tu olor
de hembra que quiere y espera
me llega perdido en la brisa
de tu exótico enredo de sábanas

varado a tu lado te contemplo

nuestras áncoras se cruzan y te animas
tensas tu cuerpo y me muestras
tu frío de noviembre desnudo;
caigo de lo alto en abordaje de dientes
y sables desenfundados
y con beso nervioso
tu boca y la mía amortiguan

ya eres mía

tu piel y mi piel se diluyen
en remolino de pelo y calor
en poros y besos recurrentes
como hojas del viento y polvo;
ya no eres barcaza sitiada
ahora eres mi flor de océano
islote nuevo de cañadas y colinas para mí
son tu húmeda quebrada
tu espalda y lejanas colinas

desde tus senos como aves fugaces
que van sin saber dónde refugiarse
-viviendo su realidad-
oigo tus suspiros y gemidos
o escucho mi nombre, si digo el tuyo

tu iniciativa de bailar en nuestra desnudez
¡así! montada en mi remo empotrado
de terso maderamen
disfruto verte desnuda
deslumbrante y estrellada
por esplendorosa, por tu poca vergüenza
perfecta en tus sucias palabras
y porque puedes amar sin ataduras;
y para ti y para tu cuerpo
hay lo que pidas

caricias y arañazos
mi boca en tus pechos no descansa
tus labios y lengua se adormecen
tus manos finas no responden
tu cuerpo paralizado en olas de un mar
de estrenadas sensaciones
que te asustan
y sientes tu cuerpo levitar

en segundos interminables
entumecida y muda
con el sólo apoyo de espantados
e incrédulos tartamudeos:
una parálisis desde el tercer
y séptimo cielos
-donde tu alma no te pertenece-
bajo un techo que se alumbra
con las nuevas estrellas
de tus despojos

entonces te arrullo para calmar
las aguas de la conquista
mientras pasan las horas de placer
que el blanco firmamento estrangula
que galeones de tiempo
y manecillas filibusteras hunden
que desgarran;
miedo a miradas indiscretas
me voy...

y cargo con mi trofeo de volver
y mis cañones de asalto
a otra madrugada de amor
que antes fue de lujuria y deseo
como el delirio que nos prometimos

después vendrán otras
en tus ojos y en los míos que se alejan
vendrían muchas otras derrochadas
porque a fin de cuentas, mi amor
por alguna razón fuiste entonces mía
y de alguna manera
todavía me perteneces.

¡Este Cuerpo, Este Amanecer!

Este cuerpo que ahora muere
bajo mi pelvis.
Este corazón perseguido
en sus latidos.
Esta tierra en que ya reposo:
¿no fue desvelo
naufragio de mi sangre, noche
de mi aurora?

¡Ah...
este cuerpo, este amanecer!

¡Ya es mi tierra, mi isla y arena
mi litoral!
¡Mi coral, mi palmera y vicio
aquel pecado!

¡Mi tesoro desenterrado!

En La Luz De Mi Ventana

Yo te encontré en la luz de mi ventana.
Las incontables horas
que cansaron nuestras pupilas
en las noches de fuga incontenible
junto al arrugado cartón de una fotografía
en la áspera superficie de una puerta
o sobre el frío metálico de una silla
no me alcanzaron para hallarte.

Yo buscaba la verdad de mi tierra
arañaba los rincones de la vida
buscando mi talismán perdido.
Tú salías de tu pozo frío
querías ver la luz, la felicidad
—revivir tu ahogado sentimiento—
sentir la tierra abrazadora...
y desandamos continentes de cielo
en busca de tales quimeras;
pero fue en la claridad de nuestro amor
que yo te encontré, te di mi verdad
y tú me reconociste.

Junto a la luz difusa de mi ventana
surgió el mundo que buscábamos;
allí, hechos de CARBÓN y cenizas
no calculamos la intensidad de nuestro FUEGO

y ahora, exploradores de la noche y el silencio
no renunciaremos a nuestro hallazgo:
orgullosos donaremos al mundo
el DIAMANTE nuevo
de nuestros cuerpos alumbrados.

Palabras XII/ *Sweet María*

Oh, encadéname a tu interminable cintura que espera
y dime si la mar estuvo presente en la entrega
de mis manos...

Antonio Ramírez Fernández

te esperaba en la DULCE pendiente
de la entrega
éramos de huida y comienzo
tibia confesión de los dolores

te esperé
liviana recepción de desconfianza

venías desde un SUEÑO de palabras
nacido detrás de los espejos
cuando rogaba a los ángeles
por mi diálogo y contrapartida
y llegaste...

DULCE con tu beso
DULCE tu lengua
y tu boca DULCE

DULCE con tu vientre
DULCE tu cintura
y tu seno DULCE

DULCE con tu piel
DULCE tu cabello
y tu grito DULCE

y escandalicé...
mientras mis manos pescando en tu mar
ofrecían al cielo DULCES peces
-desde tus poros,
desde el prisma de tu delgadez-
DULCES colores nuevos

ya sabía yo de tu alma
porque andabas por sendero de luciérnagas
y de tu nombre DULCE sabía
cuando llegaste equivocada de tiempos
cuando reconociste tu imagen
antigua en aquel retrato VERDE
de la Loynaz

de saberte perdóname
o si te levanté para traerte
a un tiempo de oscuros presentes
y salones repletos de SOLEDADES

de viejos maderos y goteras
de hijos perdidos en la inocencia;
PERDÓNAME;
perdóname también
si tu canto DULCE llenó el coro
de mis huecas paredes
si, como pienso, música y vergüenza
fueron en tu linda cara
una misma cosa

ahora te quedas y lo sabes
y tiene este sofá huesudo
tu huella de vientre y de rodillas

tu DULCE olor a fuego derretido
tu grito sucio en tu venida
y el poema DULCE a tu entrega

te levantaré para llevarte
a un TIEMPO de claridad y sonido
de raíces que traerán el agua fresca
a mi tierra sedienta de minerales
porque ahora soy yo
quien quiere que seas:

la PRIMAVERA que me queme
algo más que esta ESENCIA deshojada
mi desconocida CIERVA de barro desnudo
la última ESTRELLA que me roce[1]

tú serás
la que despierte el ALBA
la que me nombre de invisibles palabras
o con cantos eternos del corazón
la que me llame de alguna forma
de algún día, de alguna rama, de alguna tarde[2]
-pero que SEA la que me llame-
la que VAYA en nombre de mí[3]

mi indomable FLOR de los gemidos
mi SWEET María de las PALABRAS.

[1,2 y 3] **En cursivas: recreando versos del poema "Disculpa Mi Osadía" de María Cristina Garrido**

Cráter De Luna

Tú eres mi cráter de Luna, María
el mayor de mis cometas atrapados.
Eres el hueco que perforó el alma
con sordo brillo de polvo y estrellas
la que alteró mi danza celeste de relojes
y besó mi suelo con tal paroxismo y saña
que retuvo mi párpado al Sol
en un día eterno de desvelo y ensueño.

Tú te has encadenado a mi aventura de cielo
y asida a mi mano me has arrastrado
al abismo de la poesía
a donde traté de empujarte en tu rescate.

Y ahora que volamos casi a la deriva
-que no distingo el día de la noche
ni la cornisa del falso capitel-
agárrate o muerde mi mano, pero no te sueltes
que con este aullido de loba en mi cabeza
con esta borrachera de naves y luces
no sé dónde caeremos para salvarnos.

Tú No Puedes Ser Real

*Eres tan pequeñina, tan poca cosa
para tanto escándalo de pasiones...*

Tú no puedes ser real.
Tú debes ser el espejismo de mi otro yo
perdido y buscado.
Por eso escribes mis poemas perfectos
presumes las frases sabias que nunca dije
y me haces el amor, como yo mismo lo hiciera.
Todo trepida hasta mí
con tu eco atrasado de dieciséis soles
y lunas colgados:
tú tratas de respirar mi propio aire
tú quieres que yo duerma tus sueños.
Tú, alucinación de mis deseos frustrados
te estás robando
mis poemas, mis *palabras* y mi vida
haciéndolos tuyos
desde y para algún mundo paralelo
a donde entraste fugitiva
y donde no hay permiso para la estancia
de mis huesos, de *muertovivo* triste
y sin tiempo.

Momentos VII/ *Coda De Dioses*

Esto de revivir lo que ha muerto
es cosa de dioses
¿Acaso serás tú eso, mi *Diosa*
hacedora de vivos milagros?
¿Acaso soy yo el *Zeus* de tu Olimpo?

Poema Filosófico

(fragmento)

> *...Creó, pues, el Hombre a dios a imagen suya,*
> *a imagen del Hombre lo creó...*

¿Cómo aceptar como nuestro el delito
si somos criaturas a su medida
hechas, y de sus antojos, manida
excusa para todo lo marchito?

Somos de *dios* la novela perfecta
su más enconado entretenimiento
el primer ensayo y experimento
su peor intento de vida erecta.

Somos su imagen, somos su gran culpa
somos lo que nunca pedimos ser
lo que hizo que fuésemos al nacer

su esencia, su cocido vital; pulpa
del ser intangible en un resplandor
de espejos, cuando hacemos el amor.

Manzanillera

Manzanillera
trigueña manzanillera:
llevas en tu piel el sol
del tórrido y fiero Oriente
y es tu cabellera ardor
indómito y palpitante
naciente del mismo fuego
que se arremolina y tuerce
en la savia de tu entraña.
¡Manzanillera mía!

Manzanillera
trigueña manzanillera:
son tus pechos excesivos
como dos firmes volcanes
irrigados con la sal
del tibio Guacanayabo
donde se quedó atrapada
para siempre aquella nítida
dulzura del fértil Yara.
¡Manzanillera mía!

Manzanillera
trigueña manzanillera:
podrías ser la *guajira*
guantanamera, pero eres
de manzana y paraíso
de tentación y caribe
hecha por olas del golfo

que cincelaron la roca
de tu cuerpo coralino.
¡Manzanillera mía!

Manzanillera
trigueña manzanillera:
no dejes nunca de darme
tu rabia de uñas y carnes
de eternidad, tu veneno
de hembra reina de panal
manzanillera de todos
los hombres, manzanillera
de pubis con miel letal.
¡Manzanillera mía!

Destino

Vivías en el tímido espacio
que separó tus ojos de la acera
ojos que no miraron otro iris
silencio de refugio del insomnio

en el mundo retraído de la espera
del placer ágil de tus dedos
fuiste soledad en la soledad
lejos del amor y de tu sangre
triunfando sobre ti misma
sobre tu pelo y tus uñas comidas
llorando en la esquina de los borrachos.

Te conservaste intacta de acechos
para mis manos vigilantes
viviendo al doblar de mi calle
y fue tu silencio el aire que nos alejó
hasta acercarnos
en el punto
donde la suerte nunca se echa
sino que corre hacia una tarde de encuentros
entregándonos el cielo que ahora habitamos

donde un bebé de fuego está naciendo.

Y creo seré yo
aquello que amasas
el poema que no escribirás
la verdad piadosa de tu anhelo.

Treparé a tus paredes
colgando futuros para ti.
Clavaré el destino a nuestra puerta
para desclavar las tapiadas ventanas
-y caminaré sobre el agua-
pero será en busca de tu primera flor

porque soy un hombre
y voy a encontrarte, mujer
aunque me cueste la ingravidez
del camino a las estrellas.

Palabras XIII/ *Breve Elegía*

...para un amor que comienza.

más allá de la calle que esperaba aquel *te vi*
estaban mis ropas rasgadas en el intento
de apuñalar las huecas palabras
más allá de tu fortuita y pública aparición
me viste tejiendo historias
levantando el tiempo arrasado
de hojas y lloviznas

tú eras el resto del infortunio
el gesto que mira la punta partida
de los cabellos
un buen ejemplo de soledad
yo, mientras tanto,
no había definido mis despojos
y pudiendo recoger todo el engaño de la tierra
sólo me guardé la mayor de las mentiras

una noche no basta para conocerse
pero es suficiente para reconocer
la savia de las manos
el nombre del futuro
y su estirpe se descubrió desnudando horizontes
levantando torres de esperanza
-sobre ruinas de desaliento-
bajo los ángeles

estamos hechos de luz y pensamiento
y cada uno es aquella concha

que ha de abrirse al nácar
de nuestras razones

y si sabes que de nada vale intentar dominarnos
comprenderás que vale apostarlo todo
al equilibrio del amor
y la justa complacencia

ya no sé cómo decirte que te quiero y me creas
que has venido a darme la vida
cuando incluso el cielo me negó el agua
ya no sé cómo decirte que estás aquí dentro
anidando mis días, como una eterna ermita llena
la vacía estepa, la última verdad

y así partimos cargados de demencias
de ganas de perderse entre las nubes y las olas
hacia las islas de húmedos volcanes
que llaman Canarias
saturados de injusticias y absurdos
de maldiciones a las *barbas*
y carceleros de uniforme *verdeolivo*
de palabras enmascaradas

y llegaremos tan lejos como pisen las huellas
de nuestros sueños
y llegaremos a donde tu madre entierra cada día
algún nuevo poro
y llegaremos a donde nuestros hijos nos esperan
con viejas certezas

en fin, a donde el amor encumbró para nosotros
aquel árbol que hoy llamamos *Esperanza*.

Nuestro Hogar

Quiero que pintes conmigo esta casa
para abusarte mientras das vida a sus muros;
manosearte
emborrachar mi mano en tu entrepierna
y que te crucifiques voluntariamente
para mis antojos.
Quiero que te encarames conmigo a la escalera
para gozarnos en los andamios;
embadurnarnos de colores y fluidos
por todas partes
hasta dejar las huellas de la lujuria
sobre paredes veteadas por espasmos
interminables.

La Primera De Las Artes

Recorren mis manos y retinas las artes
y *armoniza* el AMOR en mis sentidos
-contigo-
su extraviada existencia corpórea:
aquello que se concreta en el alma
y se materializa en un articulado
pero espontáneo enredo de dos.

No es la GÓTICA catedral de tu cuerpo
que penetra la nube
ni la DANZA en que contorsionas
o la ESCULTURA que te eterniza.

El amor me sobreviene
y me canoniza en el cielo
como me trasiega la MÚSICA
como me dimensiona el CINE
como me purifican la PINTURA y la POESÍA:

porque es *hacer el AMOR* y su arte
expresión primigenia del alma
-desde los tiempos del Edén-
la que más se parece a *dios*
esa que celebra a tu lado los prodigios
y llora con pesar las torpezas
como el cuadro bruto que se ha pasmado
ante las manos ebrias del pintor.

Momentos VIII/ *Coda Al Arte*

Hacerte el amor, mujer, es arte
que condiciona
erudición, instinto y equipo
y es vigor de obscenos performances
mostrando siempre nuevas tendencias.

Palabras XIV/ *Tú Eres La Tierra*

I.   *dos ríos*

éramos dos ríos corriendo por la tierra

ya antes venías hundida en tu cauce
y no lo sabías
te sentías dueña de un mundo caudaloso
de una corriente de agua imprecisa
que vacilaba vanidosa entre lo dulce
y lo amargo de su curso solitario
en tu cuenca de estéril incertidumbre

pertenecías a un tiempo arcaico
arrinconando la existencia de otras aguas
que sólo llevaban la verdad tan simple
de peces y colores que aman con modestia
su bello mundo de claridad
de estanque y catarata
sin dinosaurios, sin la magnificencia
de tu espacio desolador

yo corría de sur a norte
y como deshecho meandro
formado por múltiples riachuelos
dejé mis huellas en la tierra
y la tierra dejó en mí heridas
y me robó aguas hasta casi secarme;

pero qué milagro amor

cuando en mi agónico mundo de cañada
a un brazo envié por nuevas aguas
y al regresar traían, a las mías cristalinas
la inmensa ola
de tu cuerpo robado

II. el secreto

en ti he descubierto el polvo del camino
el fuego invisible del desierto;
en ti he navegado las aguas dulces y salobres
la cromática vida de los colores
la distancia torcida de negros agujeros

tus flores en mis manos crecen
la mañana y la noche
a mis antojos responden
has cantado en la aurora
y -como encantadas-
ya todas las aves habitan mi bosque
mi manto verde y marchito
mi selva endiosada de animales

tengo la luz y la sombra
la brisa y el viento
la tormenta y la calma
la lluvia y la nieve
la pradera y la jungla
tengo en fin, el mundo
y todo, porque a mi lado amas

perdóname Tierra
este secreto que casi comparto contigo

y excúsame
por haberte robado tu reina

III. *yo digo*

yo digo que tú eres la Tierra
haré un largo viaje y tú irás conmigo
-de ser cada tramo-
sólo tú y yo lo sentimos
nadie te reconoce, nadie te ve

la mañana te sorprende cuando camino sobre ti
los pies me besas por los caminos que piso
y en mis plantas siento tu beso ardiente
que quema la llaga con dulce masoquismo;
me detengo junto a cada árbol
-parte de tu cuerpo- que cruza mi camino
tomo su nube y su savia
remonto varias ramas
y descanso en tus brazos;
durante el día alivié mi cuerpo
en un río de aguas y peces transparentes
y en mis poros he sentido
tu piel, que me penetra
y me hace doble
el viento de la tarde que azota mis oídos
ha cantado con tu voz, sólo para mí
y hemos gritado nuestros nombres al vacío;
y te sigo llegando

y cuando la noche impida divisarte
y sienta miedo de perderte de oscuridad
de no poder hallar lo que ofreces

ni ver el mundo que me ríe
mi cuerpo, inundado de tanta luz
arderá su brillo en tu avenida tierra
y allí, seguro de dormir contigo
seguiré amando en tu abrazo
de sombra, fluido y beso

IV.   la rosa

no temas cuando en la mañana
deje tus brazos y el calor de capullo
de las sábanas que tocas
no temas
que alumbrado y desnudo
caminaré a la ventana y apartando
las cortinas, te clonaré sobre la tierra

tú serás la más florecida de todas
la que desvía la luz a mis ojos
esa que libre se deja batir al viento
como cuando te agitas
soltando pétalos y perfume
entre mis manos

no temas
que tú eres la rosa cárcel de mi pistilo
la reina rociada de las palabras
el rosal que ayudé a nacer
y que ahora alimenta mi cama
como la tierra humedecida que crece
bajo tus raíces

V. *despertar*

cuando el sol rompió las cortinas
el tenso azogue de tu piel pulida
irradió la sombra de mis párpados
con luces de desvelado antojo
tú no lo supiste, pedazo de mí
apenas alcancé a ver tu rostro
refugiado al sur de mi boca
tu seno en mi pecho abría un hoyo
tu vientre con el mío se besaba

vi sobre tu hombro a la tierra desnuda surgir
entre piernas con enredo de raíces
y de tu cuerpo sin sábanas
volar mariposas, candelillas de polen
saltar desde tus cabellos
nacer las flores en tu espalda
el agua brotar de tus poros
me vi yo, tigre leñador de tus cerros
ave rapaz del predio que ocupan
tu estrecha cintura
tu quebrada de colinas
y sonoras caderas de campana

y entonces supe qué hacer con tanta belleza:
como águila cegada por el hambre
ignoré las nubes de tu inocencia
me lancé en picada sobre la tierra
—revolqué el trigo de tu espalda—
y en la estampida de conejos
desgarré la aurora en tu cuerpo

VI. *aunque no sea primavera*

el tiempo está con nosotros, mi Abril;
cuando hasta mí llegas envuelta
en hojas doradas y gotas de viento
del húmedo otoño en tu espalda
yo no vacilo en secar tus huellas
ni el polvo cansado sacudir
de tu duro abrigo, porque sé
que dentro de las ropas que te esconden
tienes para mí la otra primavera
la de los soles que te inventas
hormonales y uterinos

entonces puedo amarte
sobre los restos estériles
de las plantas que se enquistan a la caída
bajo la lluvia fina y persistente
o en techos donde resbala la ventisca
porque allí tú lo tocas todo a primavera
a vivas plantas de fértil rocío
a pistilos para polen fecundos

yo te he amado al centro del invierno
en la espuma blanca donde resaltas
en el hielo apisonado que conduce
a pistas para furtivos patinajes
en congeladas estaciones de trenes
en calles vacías de ciudades llenas
que duermen bajo frágiles árboles
ausentes de hoja

insensibles todos a la primavera
que me brindas de cañada y arcoíris

-en el nimbo de los saltos de tus senos-
de soles del trigo, de doradas praderas
y sereno, que besan tu balsámica cabellera
de la clave de sol de tu risa
para música de abril

porque el tiempo estará con nosotros
mientras seas
el calendario de sola estación
que cuelgo tras la puerta
para vestir mi año con piel
de primavera

VII. en noviembre

hoy tienes mil y pico de piernas
y no puedo contar tus brazos locos
hoy tienes cientos de ojos
millares de bocas
infinitas lenguas
bosques de cabellos
incalculables sonidos de pájaros;
hoy te deslizas bajo y sobre mí
como bravo jinete sobre indomable caballo verde
golpeas el aire con tu repertorio de uñas
apareces inmensa sobre el río blanco
con cólera de mar y fuego de volcán
en tu garganta
hoy apareces mordida
por rayos de luces intermitentes
cráter en llamas que pide aguas para su furia
eso tienes
hoy volamos con fuego y lava a bordo

-quemándonos volamos-
zarandeados por el viento y la nube
y al caer nos besamos
con aguas de cascadas
música y pájaros
flores
colores
y tú
por todas partes

VIII. detrás de tus ojos

detrás de tus ojos hay otros mirándote;
te persiguen felinos entre sombras
vomitando fuego y savia en el acoso
empapando tu lecho selvático
donde viertes embriagada y dichosa
las aguas madres, las pulpas de tu cuerpo

y en la luz que los apura y anima
irradiando uno tras otro tus destellos
extasiados en la grandeza del reposo
y en la humedad de los poros
y cabellos sumergidos
viviendo la destreza del desgarre
entre los aciertos

detrás de tus ojos
el mundo de un hombre te observa;
tú penetras felina en sus actos
tiñendo de un verde intenso sus sueños
levantando aposentos donde sin cesar
se precipitan suaves como plumas o lluvia

la candidez o locura de tus actos
esa entrega diaria de tus pasos
el eco de tu voz llenando los espacios
donde concurren los sonidos
tópicos de tu existencia

detrás de tus ojos, caprichosa
-en el reguero eterno de telas y papeles-
la Tierra se desnuda para otros
que no dejan de mirarte:
esos son los míos
vigilantes y felices
complacientes
enamorados

IX. *quiero besarte*

quiero besarte, flor de mis labios
inclinar mi cuerpo a tu fragancia
ser rocío que te abraza
o pasto donde reposan tus destellos;
quiero lamerte, pétalo de piel
de mañana y de noche
y en el medio del día
alzarte, bajarte a mi boca
olerte con mi beso
regalarte mi intento de canción
cada vez que me roces

el tiempo me conoce
donde germinó tu espiga
las diez razones de por qué
te llamas Tierra;

él me sabe penetrando tu frescura
ganando tu inocencia
de holograma de universo
eres verso eterno
rosa diaria en la retina
espina que acaricia las heridas
día a rezar en primavera

X.   *tres años*

mañana serán tres
y es sólo un comienzo
porque después empezaremos en un final
de nuevo, en cada punto que principia
como el aventurero tenaz que no cesa
de enlazar una y otra vez
las huellas de su partida

serán tres
y no es más que el inicio
los trazos seguros de una curva que se alza
en las ordenadas del amor
y las abscisas del tiempo
rompiendo los números y creciendo
dibujándose entre los asombros

tres
del nacimiento de cándidos pasos
cuando dos ríos
decidieron enlazar continentes
de una tierra que se hundía en los océanos
y que permaneció siempre cuenca diferente
como niños que se quitan y se dan

lo que tengan a darse, para quitarse
sorprendiendo el día en que estemos hechos
sin identidad ni recuerdos
para el único cuerpo

y mañana serán tres años
desde que te amé entre luces y sombras
siendo tú y yo los mismos
y habitando los que vienen
-imprecisos-
sobre tanta Tierra tuya.

Momentos IX/ *Coda A Sexo Y Tierra*

Locura-
es tan cuerda esta palabra cuando te amo

El sexo en las manos del amor
es fiebre humana
opio que doblega la cordura
mesura que roza la locura
delirio que se torna razón.

Epitafio Para Un Desagravio

Me citaste ayer
a ese parque oculto del Vedado
para hablarme de la infelicidad de estos días
de tu relativa y nueva forma de vida
en La Habana
y de que nunca debimos quedarnos
en este país miserable y triturador
de familias.
Mencionaste con nostalgia el pasado
las cosas que aún extrañabas de mí
—que ni por asomo encuentras—
en el hombre con quien vives
y por quien me dejaste hace tres años.

Me citaste ayer a ese parque
para pedirme un hijo
como se pide la anónima esperma
en una clínica de fertilidad
y me pediste de paso
que te inseminara personalmente
sin compromisos, sin apellidos
ni lazos con la ley;
sólo querías un hijo mío
un embrión que heredara, según tú,
mi inteligencia, mis manos
y algún que otro trozo de mi cara
para no olvidar nunca a su padre.

Te dije que no

que no podría dormir renegando de mí mismo
ni vivir olvidando mi sangre;
que los hijos no se regalan
como peluches que no volverás a tocar
y que los años
no alivian el dolor de la traición
porque la identidad del amor acariciado
cambia de rostro en los recuerdos
donde el acto carnal se torna pornográfico.

Te dije, además, la verdad
que era tan feliz ahora con mi Tierra
que ni siquiera la revancha que me ofrecías
me animaba a traicionarla
y te agradecí descubrir que a veces
el desagravio se alcanza rechazando la venganza
lo que me ayudó a entender, por fin
ese asunto de las mejillas del Cristo.

Todo eso te dije ayer
y te di la espalda
con el alma estupefacta y triste
morbosamente redimida y perturbada
llena de compasión por tu tragedia.
Pero lo que no te dije
por aprecio a lo que fuiste
por el cariño que todavía te guardo
por misericordia a tu lágrima
-o tal vez por comemierda...-

no te dije ayer
que tú no estabas muerta
pero ya eras epitafio.

4.

No sé cuán difícil fue el camino antes de ti
tampoco si la luz hacía el milagro
de mis manos
sólo recuerdo que en medio de la gruta
-y el desaliento-
la tea de tus cabellos alumbró, para ambos
la última salida.

Solíamos escribir en las paredes
gritos y soledades
sangre que abonó el musgo en las colonias
hasta que mis dedos se enredaron en tus uñas
y partimos al día que alimentó la piel
de nutritivas síntesis
de roces y lamidos.

Ahora me fío de ti, como del santo beso
y te bebo la piel a cada sorbo de deseo

porque para amar o para querer
ya no sirven las piedras afiladas
ni las heridas:
a salvo de murciélagos y culebras enroscadas
no importa si la noche fue más larga
sólo las veces que dijimos *te quiero*

o cuánto de gemidos lamí en el cañón
de tu seno
el recorrido por el sur y norte

de tu vientre
la embestida del amor
y la fuerza de mi agarre
la esperma con que escribo en tu pecho
y en tu boca.

Pero ahora...
ahora sólo importan los sonidos del sol
donde se aprende a despertar
con el próximo abrazo.

Soneto Descalzado

Perdona este irrazonable martirio
que explota con gritos rojos; perdona
la embestida intolerante, el delirio
en los colmillos de mis ojos.

Perdona la ira y furor que anima
la ceguera de mis sesos; perdona
la dureza que me domina, el clima
de inmadurez de mis excesos.

Perdona si decides renovarme
si luchar por mí prefieres; perdona
mi cólera y acepta mi desarme

—o si intentándolo te hieres—
perdona, si no pude perdonarme
dejar morir la noche en que te mueres.

Esperándote

Y el vendedor de noticias que sólo pregona
la primicia de tu nombre

y el taxi que emite destellos de luz oculta
de tu cabello amarillo

y esta exótica mujer, ¿por qué lleva prendido
con el alfiler, tu rostro?

y el bus de los desiertos balando los gemidos
recubierto de sudor

y tiemblo de minutos y descuento los nervios
de mi irresoluto tiempo.

Momentos X/ *Coda A Esperándote*

Esperarte, es la evidencia inerte
de lo relativo
del tiempo. Creo que, a cuando llegues
habré envejecido en ti de lustros
como aquella historia de gemelos.

Palabras XV/ *Resumen I*

fue duro aquel *Destino*
y difícil
pero destino al fin, sólo dispone
el camino sin retorno

rodeado de silencios y encerados misterios
transito el túnel de impermeables paredes
que me ofreces
sólo con la esperanza de hallar
-tras el recodo venoso-
la luz que ilumine esa arteria que franqueo
como glóbulo de sangre
entre virulentas mordidas

temo el desplome de sus sangrantes capilares
porque antes de entrar sabía de tales lasitudes
como que un día basta para reconocer las manos;
sin embargo, ahora que no imagino
la luz de la *traspuerta*
comprendo que un año es poco
para confiarlas al instinto;
tanteo con ellas, lo que me sirves
en tus pocos accesos
para tratar de amasar en el aire:
motivos para quererte
razones para arrullarte

y créeme que intento abrazarte
en cada flujo de tu ira

en cada torrente de arremolinada cólera
aunque pocas veces logre atraparte:
líquida entre mis brazos...
no siempre
no cada vez
no nunca
no jamás
no nada
        ya lo sé...

pero he sido culpable de mis caídas
como de mis laureles
y si me levanto para jugar con la muerte
es porque al hacerlo le entrego
racimos de amor

ha sido difícil querernos...
y fácil
pues nos *vimos* tan alto
que aún queda corazón
-aun con tanto soplo-
para seguir bombeando esperanza

sólo espero que de tanto cambio que se avecina
me reconozcas en el asomo final de la vía
porque yo seré un poema triste
pero ataviado de alegre aniversario.

Arritmia

Dame el dulce sosiego de tu improbable muerte
dame evidencia y fe hasta sobrevivirme
dame la luna arrítmica que eclipsa al corazón
y dime que es de amor, de afectos que convoco.

Dame el casto convite que nunca me ofreciste
dame la voluntad de tu carne guardada
dame la virtud clínica que siempre desconfío
y dime que desnudas despojando lascivias.

Dame aquella mirada de iris enamorado
dame tu otra verdad, la que nunca me entregas
dame sólo palabras, un beso de respuesta

y dime que es la voz de tu limpia conciencia.
Dame el futuro eterno, la niñez prometida
y no me digas que es otro sueño imposible.

Ultrasonido

Y aquí estás con tus senos lácteos
-reventando de dolor-
y tu sueño materno hecho doloroso embrión.

Estás otra:
de humor más impredecible
y nauseabundas calamidades y torpezas
riendo de cuánto nos cuesta
salir en busca de los deseos.

Niño varón de ojos verdes
bendecido por nuestra inteligencia
que empalmas célula a célula
en tu vientre temeroso y herido.

Estás encinta, amor mío
y aunque nos parezca mentira
acepta que pronto será diciembre
la raíz del árbol que soportará
la generación infinita
que fundamos.

Palabras XVI/ *Diario*

trajinas en la cocina
y más que bocado preparas la vida

con tus manos y uñas suavizas
tantas diferencias, que aquel pasado
ya sabe a presente, que este presente
ya tiene horizonte

soy feliz ahora, y debes saberlo
pues de nada vale que quemes tu espalda
si no estoy yo para besarla
o que ganes mi aliento a base de lidias
por conservarnos tal cuales

por eso el día se reparte
y mientras tú me miras de soslayo y libidinosa
-como quien envenena de sexo el alimento-
yo laboro para ti esta aguja de bordar
y te miro, como quien recibe de *dios* el invento
el secreto antiguo del oro
para fundir y moldar el Arca

ya mañana, nos quedará menos por reparar
pero tanta vida que alimentar
que no bastarán estos años;
y si te amo, si ahora soy feliz
es porque soy capaz de escribirlo
-así de ordinario-
a riesgo de estas *palabras*.

Momentos XI/ *Coda A Diario*

Esta aguja vino a demostrar
que, más que mi ingenio
eres tú el nervio y tendón que brega
certero en mis manos de alfarero
moldeando con credos los milagros.

Treinta

Por tus treinta años de amor
por el minuto en que estás
por la noche que me das
por el pincel y el color:
quitaré de ti el dolor.
Por la senda en que me adentre
por el cuerpo en que me encuentre
por el hijo que me entregas
por el sueño que sosiegas:
me arrodillo ante tu vientre.

Angustia

Créeme que te sufro
a escasos minutos de tu partida;
que cuando sales de casa
me crucificas al celo de tu espalda
con clavos de impotencia
y la tempestad de ansiedades que apareces
me corona con nubes de espinas
en nervios y cabeza;

que en esa hora todos son mis enemigos:
las calles prohibidas
los arbustos y cercados
las aceras y basureros
el callejón de la iglesia
los barracones y palacios;

que recelo:
de oscuros portales
        parajes escondidos
                columnas coloniales
de edificios cerrados
o monumentos vandalizados;

y que sospecho ciertamente:
de alcohólicos de esquina
de bares adulterados
de burócratas discretos
        autos filantrópicos
                militares inmunes

torturadores de Villa Marista
violadores de 100 y Aldabó;

que temo por tu vida y mi cordura
porque no seas aplastada
bajo cuerpos *cazasolitarias*
penetrada y violada en el grito
y el desamparo
mutilada o muerta.

Créeme que el mío
es un machismo con causa;
que cuando no estás
estas paredes no son jaula suficiente
para una fiera voraz
que muerde las ventanas
-entre manos clavadas a sus maderos-

ni el reloj consuelo de martirio
para un ánimo que se derrumba
como el de los suicidas.

Desamparo

Qué puedo hacer en La Habana
a esta hora de lluvia y *desamanecer*
que no sea aferrarme a ti.

Qué se le pide a un tiempo mezquino y gris
que sea capaz de entregarme
en los cientos de minutos que nos separan.

Estar lejos quiere decir soledad
como un *Yate* en una urna de cristal
al amparo y signo del fracaso; el resto
sólo chatarra que nos recuerda
alguna causa de revolucionaria traición.

Qué se le puede pedir a La Habana
-cuando me aferro a ti-, que no sea
me ampare a la sombra de Carpentier
entre portales y columnas
mientras llegas vestida de maternidad.

Palabras XVII/ *Resumen II*

lo hemos hecho bien:
alimentarnos, fortificarnos, crecer
endurecernos, rehacernos, creer
-aunque a veces te parezca que dudamos-
pues somos gente difícil
con serios problemas de adaptación al frío
y al maltrato

vigorizarnos, mejorarnos, vivir
no caernos, no vaciarnos, no morir
-aunque a veces te parezca que expiramos-
estaría bien que se hiciera
pues somos lúcida gente
con serios problemas de aceptación
del miedo y del absurdo;
gente que sabe que es en la perfección
donde vive el aburrimiento
y en el error donde nace la tolerancia

confiarnos, sabernos, escuchar
consentirnos, asentirnos, confesar
-aunque a veces te parezca que no se hace-
ha sido el mejor resultado
y si no dejaras escapar ningún verbo
aprenderías, como yo
que sólo aceptándote como eres
asumirías tus pequeñas torpezas
o gastarías tu tiempo conmigo

mas, queda tanto por aprehendernos
que ni siquiera vale la pena exigirlo

ahora que casi empezamos de nuevo
sólo te pido lo posible
como decir que nueve meses
-de introversión y duda-
no fue más tiempo que nuestro minuto de amor
y que puedes sentir tan cerca, como yo
al niño que me entregas
como parte de aquel *NOSOTROS*
y más aún:

dime que conmigo todavía sabes
lo que es el amor
o que el amor te sabe todavía conmigo
dime que cinco años nunca son un final
sino que este es tan sólo
el final de cinco años

y dime que me amas
pues yo te lo estoy diciendo.

III De Nuevo Aquella Isla

...mis pedazos
Palpo: ya no soy vivo: ni lo era
Cuando el barco fatal levó las anclas
Que me arrancaron de la tierra mía!

José Martí

El Poema De Mi Vida

Tiene mi vida un enfermo espejismo
Realidad espuria de falsos planos
Un toque virtual al fin de mis manos
Más cierto universo de surrealismo.
Aquí la Ley de Murphy es aforismo:
Nada le saldrá bien a los humanos

Si existe el riesgo de eventos malsanos
Y ardo en mi metafísico Kantismo.
Nadie escapa del papel asignado
De hermanos, padres y amigos distantes
Regias mujeres que huyen de mi esencia
O que nunca se fueron de mi lado
Mis hijos de un dulce insomnio causantes
E incierto *dios* de morbosa existencia.

Despedida

Estos versos escritos sobre ti
-no acerca de tu alma ni lo abstracto-
sino, sobre tu espalda abierta y desnuda
serán los salmos de una despedida
dulce y azul; eterna y presente
como el viento y el cielo:
cómplices de todos los caminos
de encuentros de futuro
y eternidades.

Sólo añeja este poema verde
-como pacto en tatuada piel-
como vino a descorchar en los regresos:
cuélgalo tras la puerta en mi ausencia
donde sea talismán de vida
contra acechos y hechizos
y date vuelta ahora para estampar
la firma de tus senos
al pie de esta profecía.

Juramento

Cuando pase todo esto
cuando cesen lamentos
temores, llegadas, despedidas
y el sacrificio sea en la espalda
la dura huella de la sombra
verteré el clamor de tus aguas
en la paciente ansiedad de mis venas
para saciar las horas en las que
-con uno solo de tus callados senos-
hubiera hecho de esta noche abismo
una blanca pradera sobre tu cuerpo.

Palabras XVIII/ *Informe*

De seguirte acumulando en imágenes
terminaré viviendo entre ellas...

con qué sutil misterio
te abalanzas sobre mis horas
            desnudas de ti
lucho por sacarte
rehén, diana de ojos locos
mis ojos
te convierto echada en mis manos
en escudo protector
de la avalancha incontenible
de imágenes tuyas

yo trato de encerrarme, fugitivo de ti
en la cárcel de mis lienzos
o me escondo
entre las paredes de mis libros
entre los trillos y sombras
de sus carcomidas letras
donde me encuentras

me sumerjo en los pálidos velos
de la suave melodía

te siento calando mis neuronas
desesperado te cito con besos sobre tus fotos
que acusantes me persiguen desde mis paredes

como en llamas estrujo
tus cabellos olvidados sobre mis sábanas
y en mis ropas sucias de ti
hallo la mezcla de tus perfumes y los míos
donde flota un indescifrable *monocontorno*

me persigues por las calles oscuras
en los cristales de los hielos matutinos
se descompone tu rostro en siete colores

también las tinieblas me aseguran
que las luces de esta ciudad invernal
que observo tras las cortinas
son las estrellas
-que tristes-
bajan a coronar al mundo
sobre tus cabezas

rendido pues
me entrego a tu destrozo
mientras tanto mis bolsillos se llenan
de mis manos y de ti
hasta que apareces inesperada
y ojeroso te extiendo un informe
escrito con la sangre arrancada
en tu partida

y un escudo
impregnado de imágenes tuyas
-como con gemas de antaño-
sobre mis manos abiertas.

Lento, Lento

Hoy no quiero estar lejos de la casa y el árbol

Silvio Rodríguez

Será el tiempo que me carga lentamente
o serán tus raros ojos colgados de horizonte

la risa fresca de tu diablura
los pasos que me quedan para atraparla.

Será tu cuerpo fundido con mis huesos
o serán el sofá y el reclino donde lo hacemos

tu desvelo por mi estrecha dieta
los labios que glorifican nuestra cena

no sé qué será, amor...
no lo sé

tal vez lo que no palpo ahora y después
o todas las cosas tremendas que ya eres de mí

no sé qué será, amor...

no sé qué le pasa al tiempo que no pasa
o pasa tan lento como neblina que me habita

cuando cargué contigo desde esta huida
torpe de nostalgias y mar, de cerca lejanía.

Momentos XII/ *Coda A La Lejanía*

Yo no encuentro prudente balance
en esta lejanía
en tu ausencia de cuerpo sin fin
y aunque de otro fueres, no seré
yo quien reniegue de ti... otra vez.

Palabras XIX/ *Tu Retrato*

hoy quiero hacer tu lienzo
el retrato de tu imagen no desnuda;
hoy quiero pintarte como hasta mí llegas
vestida y radiante en el otoño frío
de este invierno:

atraviesas la multitud
que hormiguea de prisa a tu lado
a los que aguardan y adelantas con pie ligero
mientras vuelas a mi encuentro;
tu pelo negro salpica como cascada
a las piedras de tu bufanda;
el viento azota tu cara
y tu sonrisa se ha inmutado;
ríes y tus dientes blancos
reflejan la euforia de tu regreso
tu felicidad y la mía
que hace saltar lágrimas de tus ojos
los que no cesan de mirarme
mientras los pinto, sin sentir, mía
que golpeas a la gente
con el bolso que olvidas
sobre tu hombro inclinado;
tu abrigo gris, tu pantalón
el cinturón que estrangula tu pequeña cintura
todo me es familiar, incluso
el cuello erguido que escondes
y al que yo le sé los poros
como si en noches los hubiera ensartado

en collar sobre tu pecho;
y tu pequeña boca...
abierta y sofocada -como cuando te amo-
esperando el beso que te daré
cuando mis pasos, gigantes como ese tren
choquen con los tuyos

hoy te pinto como vienes, corazón
para pretender que regresas
aunque no llegues hasta mí
y tu cuerpo esté tan lejos del pincel
-como mi caballete de mí-
en esta noche descabellada.

Arte De Pesca

Te aplicas el cebo de tu lencería
y vienes desalmada y abierta
escondiendo levemente tus armas
de la luz;
luego caminas descalza por la casa,
como carnada insolente que perturba
la quietud del agua y el hambre
de su presa.
Te sigo a la cocina, lleno de saliva y lengua
arrastrado por la euforia de la carne
que se contorsiona a sabiendas del peligro
y del acecho;
y me sacas con violencia del lago de mis libros
a la orilla húmeda de lascivias y celebración
con el anzuelo punzante de tu seno atravesado
en mi garganta.

Manuel Mérida

Palabras XX/ *Tu Partida*

el tren espera;
cómo se recuerda el momento de tu llegada:
libre y bella corrías a mi encuentro
eras risa y llanto
y yo desnudaba en ti la larga ausencia;
entonces no importaban los relojes;
qué distintos ahora tú y yo
o quizás seamos los mismos
sólo que bellos, casi distantes
con nuestras manos apretadas
para poder escuchar el concierto mudo
de los corazones;
nos recordamos con los ojos
las cosas que debemos hacer
para ser mejores, porque si hablamos
se nos terminan los segundos;
un minuto más y de mí te perderás
en este monstruo de hierro
-serpiente de humo y vapor-
querido a tu regreso, odiado en tu partida;
ha gritado la voz que anuncia la soledad;
gesticulas tras el cristal
para que yo escriba OMA ET
sobre esa fría barrera de partir
sobre el insensible ventanal
en que morimos:
tú contemplas mi dedo
y yo tu lágrima;

y te vas de vuelta a la Luna de cada noche
mientras exánime en el andén
-con mirada que llovizna la distancia-
me azota el invierno con la misma saña
que fustiga a los muertos
sin importar el día
oscuro yo
triste
frio
solo, otra vez.

Manuel Mérida

Solos

Y tú tan sola con el cuerpo frío
y el beso seco de las sombras envolviéndote
una almohada de menos
que reposa lejos de tu boca
llorando el sabor de tus lágrimas.

Tan sola:
viviendo de recuerdos que recoges
de entre mis cosas guardadas
rematando mis pasos sobre mis huellas
cantando quebrada con tu eco
contándome el día en las paredes.

Y yo tan solo y tan lejos:
no valen compañías cuando estás ausente
ni mi voz que te canta
si estás distante y en imágenes;
no valen sol ni brisa
si de noche me derrumbo
y me desplomo sin uñas a lo profundo
en un vasto vacío sin fin
de paredes y carnes de espiral
que me enredan a tu cuerpo.

Y tan solos, y tan lejos
por tanto aferrarse a la oreja de un tiempo
que comulgue las horas de amor
del reino lascivo y justiciero
que reinamos.

Bajo Fuego

¿Qué esperas de mí cuando me voy?
¿Qué puedo darte desde otro planeta
que no sea este intento de abrigo
en el mismo centro de la ingravidez?

¿Qué espero de ti cuando te vayas?
¿Qué harás cuando seas en otra galaxia
la diana apuntada, la media naranja
perdida entre moscones que buscan
discretas libertades?

Dime amor:
¿qué más esperas de mí?
si por ti burlo el negro agujero del espacio
cuando la noche sólo me brinda
la danza hueca de tu presencia

si yo sólo te lloro
el espectro de la confianza.

Palabras XXI/ *Solos Mis Pasos*

*Ven conmigo a mi rincón y con tu luz
ayúdame a encontrar mi alma...*

solos mis pasos otra vez en la ciudad:
aceras de alcohólicos congelados
que anunciaron el final
túneles de granito, estaciones del Metro
mármoles, labradoritas, serpentinas
jaspes, calizas de Crimea
frescos de obreros felices de Stalin
y escaleras eléctricas infinitas
me conducen;
nada de esto me asombra ya
porque mi mano no se acostumbra a asirse
a estos pasamanos sin tu mano
mi corazón a cantar sin tu voz;
cae mi frente como besando la luz
que ahoga tu sombra ausente
pido estrellas, milagros celestes
espectros que no llegan;

cópiame noche
que tu negro manto me calque
como la negra célula de carbón
que mi imagen guardes en tu encanto
-un mural de lazurita para ella-
esta noche;

entrégame al día
cuando madruguen mi despertar sus ojos

para siempre
cuando el tiempo se acabe de trenes
de lúgubres pasillos
de estaciones sepultadas en panteones
de mármoles y granitos
cuando la mañana comience en ella
en su pelo, en su piel
y la nieve pueda aplastar junto a sus botas

compláceme noche
y te prometo su luna llena.

Así Me Tienes

Viajas conmigo
en cada metro de carretera
en cada centímetro de mis pasos
que te saben a donde no llegan.
Así me tienes
tú que eres el puerto lejano
para el ancla de mi velero;
tú que eres ahora el faro
de un horizonte sin límite
y al que me dirijo
-como el loco marino-
sólo con la fe de llegar
al fin del mundo:
TÚ.

Así vivo
entre dos mundos, donde el tuyo
como luna para mi planeta
provoca una marea perenne
que inunda todos mis continentes.

Pecados

Yo abrazo las vacías
lascivias que apuntalan
mi soledad, porque esta mano errante
y mojada que ansías
-de dedos que resbalan-
me calma en tu nombre claro y distante

como la estrella amante
que mis ojos avienen
a cantarle, cuando sola e impúdica
urges en ti penante
los dedos que sostienen
tu soledad, ansiosa de mí y lúdica.

Palabras XXII/ *Mi Pecho Es Tu Casa*

mi pecho es ahora tu casa
la sala que te acoge
la estufa que te calienta;
es la cama donde te acuestas
cada noche en busca del amor
o el sofá donde te asalto y estrujo
para edulcorar mis labios en tu lengua dulce;
es la cocina donde ablando a diario
el alimento que me das en tus palabras

mi pecho es también jardín de flores
donde tejo cada día una corona de pistilos
para tus cabellos;
es el baño donde froto tu espalda
tus nalgas y entrepiernas
cuando te baño con mis manos
y en mi pecho guardo tus ropas
tus zapatos, tu cepillo de dientes
tus lápices y poemas
y los juguetes para sazonar el amor

mi pecho es el colchón donde te hundes
como cayendo de espaldas a un lago
que te abraza con suave tacto
de moléculas sedientas;

mi pecho es música para tu voz
la lámpara que te ilumina
cuando crees que estás en la sombra;

es la carta con que apostamos a los besos
la mesa donde se vierte el vino
y es el escudo y guarida que vela
por tus peligros y tus pasos desnudos

mi pecho es hoy por hoy un panal sin reina
y espera a que llegues, para que ordenes
la miel más dulce
el néctar con qué alimentar
al coro de ángeles que cantan tu voz
en la catedral de mis huesos

mi pecho lleva hoy tu nombre
-grabado al portal-
para que todos sepan la casa
que habitas.

Madurez

De pequeño, no comía por jugar
y dormía soñando con juguetes.
Ahora, de grande
no duermo por jugar contigo
con juguetes que te sueñan
y me animan a comerte.

En Mi Jardín

Me sorprendí trocando a escondidas
tu nombre en los jardines.

Te perdí de vista
y misteriosamente
empezaste a aparecer
y fue por ello tal vez
que me toqué de susto
que en mis deseos de encontrarte
troqué mujer por flor
y te arranqué de donde colgabas.

De Día Tú Estás

De día tú estás y lo sabes todo:
de qué color es el bitumen
cómo se perfora la tierra
dónde se encuentran las fuentes.
Tú estás y tan bien como yo te conoces:
las montañas y pueblos
los tanques y conductos
los caminos y andamios.
Te apareces donde no te espero
y me hablas cuando nadie nos mira.
Tú vas conmigo descifrándolo todo
y los blancos abedules
del paisaje de Tartaria
y la yerba que te esconde
no tienen secretos para ti:
llenándote de aromas y flores
exigiendo a cambio, sólo la luz.
Y de noche se cierran las puertas
y a los himnos se los traga el horizonte
y no sabes qué hacer con los misterios
o te pierdes en la nada
y los secretos no conoces;
aunque estés conmigo:
saltándome en el pecho
colgada al borde de mi cama
mirándome callada y triste
recogida y ausente.

Manuel Mérida

Palabras XXIII/ *Tu Hora*

llega la hora en que te corono cada noche
-mi mejor hora- en la que te reafirmas
dueña de mi tiempo, mis palabras y mi alma;
aquí no hay otra reina que no seas tú;
esta cama en que reposan mis huesos
ya tiene tu nombre y cuando la mire
en un futuro de espejismos y brumas
sólo tendrá tu rostro por sábanas

aquí te canto, te dibujo y te hago mía
en mis fantasías de semen y deseos;
sobre esta espuma se estrujan mis ojos
y pupilas, pensando en cómo duermes
al momento que escribo:
si desnuda para mí en tus ganas
o vestida para no entregarte a tus deberes

aquí me hago original -en ti- toda noche
y mi mente crea este mundo
de imágenes y abstracciones
con los que te conquisto a tramos;
aquí mis torcidos de amor
tratan de mantenerte atada a mí
y aquí me meto en tu alma
para que me llores

sobre estas sábanas, que sólo huelen a mí
a veces se derrumba mi universo sobre el tuyo
tratando de atrapar los cometas errantes

que nacieron de nuestros encuentros
tantos años atrás;
astros que deben guardar
el olor de tu pelo y el sabor
de tu boca, en estelas de polvo y luz
como huella magnética apuntando
al norte de su origen;
aquí eres sólo mía y de nadie más
aun cuando mis brazos no te anidan
o cuando no esté para protegerte
-con mi coraza- de aquellos molinos;
este es tu universo y mi espacio
un mundo de ensueños donde la pesadilla
es el no tenernos sobre el río blanco
que me arropa cada noche
como vía láctea que arrastra tu piel

tú, amada mía, debes saber
que esta es tu hora
tu cama
tu sábana
tu penumbra
tu techo
tu sueño
tu inspiración
tu olor
mi quimera
y yo tu hombre.

Larga Distancia

Una mujer oculta despertó con el timbre
en su puta mañana de sábana desnuda.
Casi pudo mi voz oler su carne cruda
ardiendo sobre erótica telaraña de mimbre.

Entre mis pervertidos murmullos, a la más
antojada mujer de lejano aposento,
navegaron mis manos, mi impúdico acento
el viril frenesí con sensual contrapás

de la erguida; la esperma con viscosos enredos.
Al hombre hecho sonido regaló esa mujer:
humedad con espasmos, la ermitaña orgía,

teleorgasmos venidos en jadeantes dedos.
Una mujer y un hombre murieron de placer
retando soledades, frecuencias, lejanía...

Arca De Milagros

Nuestro amor
-que es a su vez una caja negra
sin años y sin fondo-
tiene como único asidero, la esperanza
y algún que otro frágil milagro
de los ángeles.
Es el peso de la moral
y la palabra empeñada
la que hace trascender nuestros actos.
No quiero eso para ti.
Vamos a seguir así:
sin pensar ni averiguarlo
como quien no debe destapar
el arca de los secretos.

Quiero Que Perdones

Quiero que perdones
la década llana y perdida de tu juventud
el sueño inútil para una vida
que apostó erradamente a la muerte
de un frío noviembre.

Quiero que perdones
la miseria que se posó en el pliegue de tu ojo
la lágrima de hambre moqueada
tan lejos de la intención y esfuerzo
de mis siervas manos.

Quiero que perdones
toda la infelicidad trastocada que ofrecí
a cambio de utopías felices
y la ceguera de un autoengaño
para una traición.

Quiero que perdones
este llanto y poema tardío por no rendirme:
la última convulsión que se aferra
a un no perderte en la magia negra
de agoreras manos.

Palabras XXIV/ *Resumen III*

...o diez años después

antes fuimos hechos de un pasado que no cesa
del principio del amor abstracto
libres y locos en lo extraordinario
de aquel pueblo perdido;
hubo entonces lluvia de amor y de fiereza
y hubo un *ángel* de final
que dio comienzo y destino
a cierta forma oculta de vida indefinida;
desde entonces fuimos *Los Otros*, adheridos
como dos moléculas opuestas
a un núcleo pequeño y neutro
girando en sentido opuesto de la humanidad
o deformando el espacio que acorta
lo relativo de nuestro tiempo

también somos de un presente que se torna azul
de bocanadas de ozono en que levitamos
la incertidumbre de cada mañana;
nuestros espacios se acomodan -no se toleran-
sobre la práctica poco consciente
de la paciencia;
apenas nos miramos con ojos de descanso
raras veces descansamos en los brazos del amor;
ahora mismo caminamos por la niebla espesa
sobre el carsto del borde del abismo
donde la escarpa y la roca cruda
calcifican nuestras almas:
estamos medio muertos, tal vez...

o quizás estemos medio vivos:
depende de hacia dónde miremos;

pase lo que pase
por ahí anda un futuro indiferente
y justiciero que no cesa de buscarnos
y hay un porvenir blanco que aguarda protector
como el pasado borroso
de nube y lluvia que nos cimentó;
espero verte allí por mucho tiempo más
palpando con dolor tus brazos cansados
mirando cómo la piel se nos entumece
acariciando tu pelo lacio de lágrima y angustia
adheridos a la inercia del amor
que se calza de letargos, o mejor:
despertando del letargo del amor que calzamos.

Momentos XIII/ *Coda Al Futuro*

Es el futuro quien nos ignora
de sueños y quimeras
porque *Él* sabe lo que nos depara
y porque somos nosotros quienes
siempre nos negamos a ignorarlo.

Aniversario

Con qué tristeza pasan hoy nuestros veintitrés
de noviembre. No fue el nubarrón que obtura
supliendo luz por sombra, la paz por el estrés
es el enfermo amor que llora por su cura.

Con qué inercia nos miran las hojas del otoño
tal vez supieron cómo suplantamos la fiesta
y poema con puercos bramidos de *recoño*
el beso por el oro, el placer por la ingesta.

Dos peces atrapados tras el mismo cristal
nadando la misma agua, viviendo el solo tanque.
Somos la poca culpa con condena fatal

la soberbia diezmada, la furia y el arranque
final que no termina, algún muerto inmortal.
Año tras año, sólo sombras del mismo estanque.

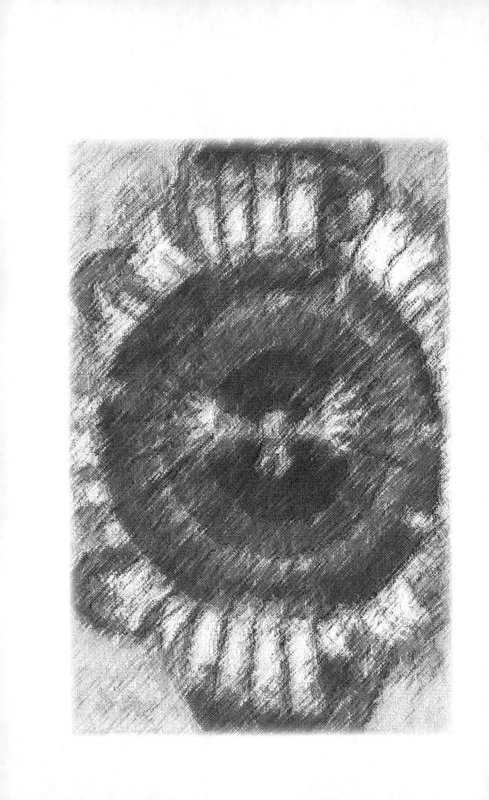

Los Pozos De Mi Conciencia

Los pozos de mi conciencia
son profundos como kársticos socavones

y son llanos y someros
como la luz que los topa.

En ellos mi memoria gira
en caprichosa espiral
y se balancea dialécticamente
entre los mares coléricos del infierno
y los apacibles valles del *señor*
donde yace al alcance de mi mano.

A veces la tomo al paso
—a mi memoria—
como las flores que arranco
en el destello de amor que me inflama
el mero placer de la pureza

o caigo, maldito, en su penumbra infinita
arañando las paredes
por un regreso sin retorno
al blanco círculo que se estrecha
en el brocal de la vida.

Tú eres
un agujero negro en el universo
de mi conciencia.

Momentos XIV/ *Coda A Mi Conciencia*

Soy presa de tu negro agujero
y me niegan la luz
despojada a mi claro futuro.
Mi espera no es la de un *ser feliz*:
es la del alivio al desconsuelo...

Deslealtades

Yo disimulo con viril coraje
donde al final de la querella espera
devastador y pérfido el ultraje
a la amistad sin reservas que fuera.

Estos caminos adúlteros gimen
como ave herida entre espinosas ramas
y por alivio corro a que se arrimen
a las trincheras de mis psicodramas.

A veces quedo allí deshecho. Siento
luego el dolor que en el pudor palpita
mientras se anima confuso el aliento

en el peligro del amor que excita.
Y no sé, si es más deshonra intentarte
que oculta y estúpidamente amarte.

Manuel Mérida

408 De Nunca

Nunca más volveré a pisar esta calle;
al menos, mientras dure el enojo.

Se abrió la puerta alquilada
y las paredes vibraron con el temblor
de nuestras piernas.
Presentíamos el peligro
pero nos gustó sentir su aroma
saborear el nervio de la tentación
en muda y espontánea complicidad.

Aún recuerdo el hilo de tu *casivoz*
pulsando como SONAR en tu té.
Eras entonces rehén de antiguos *pecados*
e inoportunos *mandamientos*
y aunque luchaste tu libertad, no pudiste:
te ganaron los *sermones*
e increíblemente fueron mías tus manos
y no lo fueron
y dejaste acariciar tus marmóreas piernas
pero nada más;
porque no se quedaron en mi boca tus labios
ni marcó mi huella tu estirpe de prejuicios.
Fuiste tan sólo un sueño atrapado
en una danza que jamás se bailó:
una ausencia de cuerpo y de pasión.

Congelaste eternamente esta canción
—en un hasta siempre de quejidos—
por el *crimen* y el *castigo*;
y se cerró por gusto aquella puerta.

Desconcierto

Como la ola que avanza
-obcecada y feliz-
a entregar su existencia
por el beso mortal de su orilla:
alucinado me lancé sobre tus costas
y terminé disperso
sobre tu alma de piedra.

Soy Un Viejo Con Arrugas

Soy un viejo con arrugas en el pecho
sueños de imberbe capitán
y navío de cañones sin polvorín.
Y cuando viajo por el mar oscuro de la noche
y miro al cielo
lo único que resta es mapear
—como un Magallanes desorientado—
la vía láctea de tu llanto.
Allí está tu aceite disuelto
en billones de luces lejanas y opacas
imposibles de enumerar
para señalar la llaga que pueda
aliviar tu desconsuelo.
Sé que es tu lágrima.
Pero si estás tan segura que soy tu luna
y que mis ojos dilatan hoy
el iris de tu esperanza, dime amor
cómo puedo eclipsar mi luz
para que me empapes con tu velo lácteo
de infinita energía
y secar la sal que se desparrama
desde tus ojos.
Porque ya no sé si viene de mí
o de ti tanto mar de proteína y sodio.
Yo muero de un cráter que perforó mi pecho
hace siglos
cuando tu estampida de meteoros
cayó como llovizna sobre mi arena.
Yo muero de saberte peregrina y ajena

por no haber retenido tu luz
cuando pude hacerlo.
Y ahora, viejo y atrapado
sigo en la queja de la mala suerte
como si ella no culpara en mí, el abrazo.

Nada amor, no me hagas caso
son sólo arrugas de tiempo
trampolín de fracasos
hacia el vacío de mi alma.

Diálogo Con Soneto Infinito

Si no pusieras en mis cuencas el milagro
de tu vida, mis ojos no serían las lunas
a las que ahora aúllas, sólo fueran del magro
brillo de un astro muerto, un desierto de dunas.

Si no diera feliz la vida que consagro
a la tuya, huirían del lecho en que me acunas
las dos almas que juntan los besos que avinagro
a trece soles sin olvidos ni lagunas.

¿Y qué son trece siglos de minutos que empalmas
—si luchas, si revives, si caes por mi boca—
sobre la eternidad ungida de las almas?

Si crees que tu savia te reclama y convoca
si prevés el *nosotros*, si bajo mi pistilo
mueres, cierra distancias, fúndete como roca

tráeme tu locura, dame de ti el estilo
y del Olimpo aquellas expresiones prohibidas
escritas en tu nombre santo, dulce y tranquilo

déjame recoger estrellas; y bebidas
en tu boca exprimir, colocarte la esperma
bajo su cielo o sobre tu lengua en estampidas

de la noche y alúmbrame de descargas la yerma
tempestad de mis mares, y con mis manos lévate
en Luna llena a donde tu barca en paz se aduerma.

Pon el deseo bajo tu almohada y llévate
mis párpados abiertos, el soneto infinito
que te canté en la noche de luna y meteorito...

El Beso Que Te Robé

A la Casa de la Poesía y a María

Solíamos leer versos
en el patio de la vieja casona.
Cerca del puerto, el olor de sus yagrumas
se embebe con fuerza a la sal del aire
que se cuelga de sus sombras.
La Habana Vieja es así
y se aferra a sus misterios con eco
de peñas y paredes huecas
con himnos que la gente se empeña en repetir
procurando retener en sus adoquines
—y muros de lluvia arañados—
quinientos años de memoria escurrida.
Al regreso, éramos el contraste
de sus calles angostas
caminando con el alma henchida y borracha
tras la misa de poemas, entre un pueblo
de ciudad que pierde la vergüenza
para devorar el magro pan de cualquier día.

Nada de esto quedaría para contar ahora
si no te hubiera empujado con celo al callejón
para robarte, contra aquella puerta lapidaria
y a mordidas, María
el último beso dulce de mi vida.

En Los Breves Sitios Del Alba

El Cerro llevará tu nombre
y sus calles de negros y rosas
serán alfombras de insomnio
que amparen tus piernas perdidas.

No precisaré buscarte:
ya tú estás en los breves sitios del alba
y en los fieles recodos que te besan
a la espalda de cada esquina;
y tú no tendrás que nombrarme:
me has avisado de los finos espacios
que separan tu sexo de mis ojos
y eso es suficiente para estar alerta.

No te preocupes
el Cerro llevará tu nombre
y yo estaré allí para gritarlo.

Momentos XV/ *Coda Al Alba*

Si estás, es porque las horas y olas
que te fundieron
sobre mi cuerpo, fueron más ciertas
que todos los años y mentiras
que arteros planearon tu partida.

Lourdes

Es delgado balancín
de creciente a nueva Luna
y el susurro se le acuna
en su voz de querubín.
Es modesta, serafín
que calla lo que es preciso
que se aferra al indeciso
sentimiento de la espera
habitando la pradera
del amor que siempre quiso.

Le absorben bajo el cristal
los milenarios bichejos
alumbrados por espejos
de lucidez ancestral.
Acaricia el inicial
soplo de la creación
mientras canta la canción
de la más antigua cuna
y no hay especie, ninguna
que no sienta su pasión.

Se deja querer por todos
porque a todos ella quiere
y la prisa que no muere
en el lucir de sus modos
nos revelan los recodos
tímidos de su linaje.

Viste con decoro el traje
de humildad y de dulzura
que lleva en la siempre pura
belleza de su lenguaje.

Esther

Amo a esta amiga *siempreceloso*
que sueña montarse en mi cerril verso
sobre la rima de mi acento terso
o en la ambigua marea de mi prosa.

Que calma la úlcera de mis miserias
cuando regala su tiempo y dinero;
que soporta estoica mi refranero
sin dejar de ensayar con las bacterias.

Comparte acaso flirteos mendrugos
con cómplices efectos tentadores
y en ella me acuerdo de los verdugos

excesos con mis amigas amores:
de Liset, Mabel, Nancy y Rosa, de Ally
with whom I versioned *"When Harry met Sally...".*

Agravios

Te empeñas en humillar mi pasado
no sé por cuál engendro de oscuro resentimiento
y te empecinas en estropear este amor
-ya delicado- con fiebres inconclusas
con turbios manejos de la fe.

No adviertes que mi pasado tiene mucho del tuyo
y que de nada sirve pretender revolcarnos
en la suciedad del fracaso.
No te das cuenta que envilezco a tu lado
cuando intentas demostrar la inutilidad
y torpeza de mis últimas veinte vueltas al sol;
ni te percatas
que con cada dedo restregado en la llaga
con cada nueva lanzada en mis olvidos
regresa el dolor con otras coartadas
-de sembradas trincheras-
con nuevos aires de justicia.

Tú te aferras a la huella muerta
que no te pertenece, como quien saca del barro
un zapato romano que se vuelve pronto cenizas.
Tú te obstinas en reanimar el agravio inocente
en la inocencia de un niño triste
desgraciado y sin padre
que sólo espera que tú le aceptes.

Sé Que Ayer

Sé que vas a hacerlo:

que me echarás de tu horizonte
pues nada tiene que ver el amor
con el yelmo y las pedradas.

Sé que ya no cuentas conmigo
que sólo soy tu intento de olvido
un leve arañazo que cargarás en tu memoria.

Pero sé que ayer te diste cuenta:

advertiste que, para olvidar, se precisa
de algo más que de una mano liberando
-como a un pájaro preso-
un apretado sueño
cautivo del pasado.

Ya Perdí Todas Mis Batallas

Ya perdí todas mis batallas
contigo.
No quiero ni pensar cuando pronto
ya seas de otro
y con el otro andes por las calles
sonrisa de sus brazos.

Ya perdí todas mis armas
y muero
y mis hijos colgados del otro amparo
como suyos

y nadie quiera estar en mis zapatos
cuando esa imagen cegadora y brutal
arranque el grito infernal
de mis ojos.

Ahora Que Te Vas

Ahora que los poetas te cantan
que todos mis versos te dibujan
que los amigos se marchan contigo;
ahora que no encuentro el límite
que por la misma razón de siempre
se pierden todos juntos:
que en la muerte todo se abraza;
ahora que me desgarro el cuerpo
—como la tierra convulsa de lavas—
en mis entrañas por ti;
ahora que no lamento tu ausencia
que preciso llenarme de colores
ahora, que no habrá un después.

Después que llegue aquí la realidad
—tocando a fuego mi cordura—
lloraré a la noche por la mañana de la pena;
después del día del derrumbe, la tarde
de la sepultura total de los sueños
después, pero no por ellos —los amigos—
como no lo hice antes por mí.

Antes, donde hablé por espacios
entre alucinaciones y fantasmas
cuando todos llegaban contigo
y cabalgabas como mil amazonas
que te seguía hasta la fatiga;
antes que te alcanzara presente
sólo en los recuerdos:

en parques
puentes
aceras
portones
mercados
portales
calles
ventanas, antes
cuando no existía el ahora.

Ahora que sé que después lloraré:
fuiste tú antes mirando indiferente, allí
donde cayeron nuestros besos al abismo
y sólo yo con la noche, la lluvia
y algunas hojas de entonces
me lancé para salvarlos.

Ahora que hay un antes
que no habrá un después
que no hay un todavía:
fue antes, después y ahora
equivocadamente contigo.

Nombre De Mujer

Añoras ver tu nombre en el calendario
con apuesta de *todo o nada*
y deliras, bajo esa sombra
de osado pensamiento, con un *Abril*
para tu vida.

Sostienes que todo mes debiera ser
un nombre de *Virgen*, un mito
de resguardo para los hombres;
un pacto de bautizo con cada especie
de mujer bella;

pero es hora de que sepas, que tu estirpe
retoza lejos de las flores
y es ajena al viento que juega:
...*gracioso y leve con la cortina azul
de mi ventana*[4]...

Tú te avienes gris y altiva con *Diciembre*
el mes de hielo que se ufana
de tener la última palabra
y de atesorar catástrofes humanas
de anual *momentum;*

tú vas fría como su *canción de invierno*
que reconcilia el plan de muertos
entre paraíso e infierno
antes de enero, o ligera como sus fiestas
y zarandeos;

calculadora y crispada de balances
sientas las claves para el triunfo
y cuando entiendas que la fama
no hace calendario, ya serás de todos
año pasado.

Por eso, hazle un favor a la inocencia:
no consientas por sólo penas
—o por más que mi eco lo pida—
poner a este mustio diciembre tu infausto
nombre de espinas.

Qué Triste Se Pone El Viento

Qué triste se pone el viento
cuando no encuentra sus alas
cuando no juega en las salas
del amor y del aliento.
Es amargado lamento
el de esos vuelos de encierro
que como plumas de hierro
le gravitan en el alma
dejando inmóvil la palma
que siempre baila en el cerro.

Ya no soy viento buscón:
con este traje de acero
me ves mirando al velero
inerte en su malecón.
Yo quise ser el ciclón
que con lluvia de poemas
abriera conchas y gemas
del negro fondo del mar
y a tus espinas domar
para no herirme las yemas.

Nada de aquello logré
y como nave que sube
tú fuiste sólo una nube
a quien mis manos lancé.
En ellas puse la fe
para que nunca cambiaras

de forma, pero en tus raras
maneras de polvo y Luna
nunca supe ver si era una
o si eran miles tus caras.

Palabras XXV/ *Para Inventarnos Un Final*

este es el final de la historia

de la fábula del mundo que habitamos
donde muere la piedra junto con el alma

la era que se acaba siempre
cuando culmina un ciclo entre una soledad
y otra soledad
cuando se llega a un vasto planeta
solitario e infinito océano sin costas

y allí de nuevo ser aquella isla

es la misma saga
pero con más garra en mi pecho
la que llegó como se van las ilusiones
la que no lo fue
la tan real que ni siquiera me permití soñarla
pero pudo ser más que esta muerte
o que la magia que espantó tu vida
con todo lo que ahora te llevas:

pedazos del alma

y me preguntas qué te llevas...
eso, pedazos del alma
pero debe ser mucho más, o todo
cuando me dejas la soledad

te llevas los días felices
las orgías de dos
en tu memoria
los retratos de tu cuerpo desnudo
y las sombras en tus paredes;
la aventura al este de la *Isla*
el Camagüey de aquel tren sin destino

te llevas mi pelo largo, mi frente ancha
de celebrada inteligencia
mis pinceles, mis poemas, mis *histerias*
mi mundo físico y mecánico
y te llevas tu cuerpo, tus venáticos momentos
el hijo que tanto amamos

te quedas con lo aprendido, el buen gusto
por las palabras, el afán de saberlo todo
los discos de Silvio y Sabina
aquellas canciones de Páez
que ya no podrás escuchar
sin que lamentes alguna noche nuestra

también te atreviste a escribir poesía
y lo hiciste mejor que tu maestro

te llevas en fin, mi memoria

y ahora encontrar en ese universo
-frío y profundo-
las cenizas del cerebro
bajo las conchas y bancos de algas
o sobre crispadas olas saladas
lo que queda del deseo:

apretar un bulto de memoria muy remota
para alimentar la vanidad de un invierno en Utah
tal vez recuerdos, tal vez nostalgias
eso: el mal sabor de lo que no viviste

y giros de la memoria
retorno a la nada de los recuerdos
un pasaje al estado espectral de los cuerpos
que será el mundo nuevo que habitemos.

Desengaño

Tu risa se me ha perdido
como caracol entre ostras
como hongo bajo secoyas
como sonrisa minúscula
y sorda, entre carcajadas
de la vida.

Coda De Locuras

Estas fueron las locuras
cuerdas sin tiempo ni horario
bajo un cielo temerario
o entre paredes a oscuras.
Habrá elogios y censuras
para mis locas historias
casi siempre probatorias
de tiempos de fe y futuro
con pasajes al oscuro
olvido de las memorias.

Y si compuse el poema
más hermoso de este mundo
y encuentro que soy profundo
si me salvo de anatema;
si es mi palabra fonema
si esta décima termino:
escribiré mi destino
sobre la próxima página
...
...

manuel mérida llanes

Poesía

Selectas
MCMLXXXV-MMXV